Lieblings plätze

WIEN NACHHALTIG

GMEINER

MIRA NOGRASEK

QR-Code einscannen und kostenloses E-Book anfordern.

Autor und Verlag haben alle Informationen geprüft. Gleichwohl wissen wir, dass sich Gegebenheiten im Verlauf der Zeit ändern, daher erfolgen alle Angaben ohne Gewähr. Sollten Sie Feedback haben, bitte schreiben Sie uns! Über Ihre Rückmeldung zum Buch freuen sich Autor und Verlag: lieblingsplaetze@gmeiner-verlag.de

Aus Gründen der besseren Lesbarkeit wird im vorliegenden Band ausschließlich die männliche Form verwendet. Sie bezieht sich auf Personen jeden Geschlechts.

Sofern nicht im Folgenden gelistet, stammen alle Bilder von Mira Nograsek: Jan Lackner 144, Schloß Schönbrunn Kultur- u. Betriebsges.m.b.H. 146, Soru Epotok – stock.adobe.com 148, Michael Utech 190

Besuchen Sie uns im Internet:
www.gmeiner-verlag.de

2. Auflage 2022
© 2021 – Gmeiner-Verlag GmbH
Im Ehnried 5, 88605 Meßkirch
Telefon 0 75 75/20 95-0
info@gmeiner-verlag.de
Alle Rechte vorbehalten

Lektorat/Redaktion: Anja Kästle
Herstellung: Julia Franze
Bildbearbeitung/Umschlaggestaltung: Susanne Lutz
unter Verwendung der Illustrationen von © Nikolay Grigorjew – stock.adobe.com; © SimpLine – stock.adobe.com; © OpenClipart-Vectors – pixabay.co; © paullouis – stock.adobe.com
Kartendesign: © Maps4News.com/HERE
Druck: AZ Druck und Datentechnik, Kempten
Printed in Germany
ISBN 978-3-8392-2928-6

ZEIT FÜR EINE NACHHALTIGE REISE
Grünes Wien

Mit Stolz trägt Wien den Titel »grünste Stadt der Welt«, der 2020 durch die Consulting Agentur *Resonance* verliehen wurde. Allein die Hälfte der Stadtfläche ist begrünt. Darüber hinaus versorgt sich Wien mit den Naherholungsgebieten selbst und kann noch dazu mit einem Nationalpark innerhalb der Stadtgrenze auftrumpfen. Um Natur zu erleben, muss man die Stadt daher nicht verlassen und jedes Ziel ist gemütlich mit dem öffentlichen Verkehr erreichbar. Die sogenannten »Öffis« sind ein weiterer Grund, warum Wien einfach »leiwand« ist. Mit dem bestens ausgebauten Netz an U-Bahnen, Straßenbahnen und Bussen kann das Auto getrost zu Hause bleiben und einem umweltfreundlichen Besuch der österreichischen Hauptstadt steht nichts mehr im Wege. Stadtbegrünung, Öffi-Ausbau und Initiativen zur Rückeroberung von öffentlichen Flächen durch die Bewohner der Stadt tragen die Millionenmetropole in eine moderne, nachhaltige Zukunft mit Vorbildcharakter.

Es sind schon die Wiener selbst, die hier Innovation zeigen. Der Unmut über unsere verschwenderische Gesellschaft und die Klimakrise hat viele Unternehmer und Privatmenschen motiviert, etwas zu verändern. Die Rückbesinnung zu regionaler Produktion gibt der Stadtlandwirtschaft mehr Wertigkeit. Restaurants setzen vermehrt auf pflanzliche Küche und unterstützen dabei lokale Betriebe. In vielen Bezirken poppen Unverpacktläden auf, die eine Renaissance des Greißlers beschwören. Urban-Gardening-Projekte laden zum Mitgärtnern ein und tragen somit zum Schutz von Insekten bei. In diesen und noch viel mehr Bereichen erfindet sich Wien momentan ganz neu und gerade deshalb haben diese Projekte, Betriebe und Lokale eine ganz besondere Aufmerksamkeit, genauso von Touristen, verdient.

Nachhaltig reisen ist kein Trend, es soll zum Selbstverständnis werden. Dazu gehört, sich Zeit zu nehmen, egal ob bei der Anreise oder vor Ort. Mit der perfekten Lage mitten in Europa ist Wien mit Fernbus und Zug an viele wichtige Städte unkompliziert angebunden. Ein Stückchen weg vom Massentourismus führt dieser Reiseführer auch an entlegenere Orte, an Plätze, die nicht umsonst vor allem von Wienern gerne besucht werden. Statt von einem zum anderen Sightseeing-Ort zu hetzen, lade ich in diesem Buch ein, sich etwas langsamer fortzubewegen, dabei bewusst großartige nachhaltige Konzepte kennenzulernen, mit Einheimischen zu quatschen und regionale Köstlichkeiten zu probieren.

Der Begriff Nachhaltigkeit ist in seiner Bedeutung breit gefächert. Für diesen Reiseführer soll er alle Plätze zusammenfassen, die ökologisch wertvoll sind und/oder umweltbewusst agieren. Egal ob beabsichtigt erst seit Kurzem oder schon seit Jahren ganz selbstverständlich. Jeder hier ausgewählte Ort hat Nachhaltigkeit für sich selbst definiert und trägt somit einen kleinen oder großen Teil dazu bei, dass Wien immer und immer grüner wird.

Auf meinem Blog *roedluvan.at* teile ich seit 2015 meine Versuche, einen nachhaltigen Alltag zu führen. Meine Wahlheimat Wien hat mich hierbei stark geprägt. Die vielen Möglichkeiten, ganz einfach secondhand, plastikfrei, fair, natürlich und bio einzukaufen, haben mein Leben vereinfacht. Das Angebot an Restaurants mit veganem Angebot wuchs ständig, weswegen ich heute auf nichts verzichten muss. Das Öffi-Netz lässt es selbst ohne Führerschein zu, dass ich regelmäßig im Wald wandern oder in Naturbadeseen und -flüssen schwimmen gehen kann. Es braucht eben nicht viel, um sich in Wien zu verlieben. Da sieht man übrigens ganz schnell drüber hinweg, dass einem hier Tag ein, Tag aus ein recht starker Wind entgegenweht.

Ich bin davon überzeugt, dass Sie diese Stadt ebenfalls in ihr Herz schließen werden. Meine nachhaltigen Lieblingsplätze freuen sich auf Sie. Eine Mischung aus kulinarischen Highlights, bei denen garantiert jedes Mal zumindest ein rein pflanzliches Gericht dabei ist, familienfreundlichen Ausflugszielen und Tipps zu Einkaufsmöglichkeiten, egal ob Kleidung, Lebensmittel oder Souvenirs, zeigen, wie vielfältig das grüne Wien ist. Ich führe Sie spiralförmig von der Inneren Stadt in die äußersten Bezirke. Mal sehr persönlich, dann wieder sehr historisch, erzähle ich Ihnen von den einzelnen Plätzen, die ich durch sorgsame Recherche für Sie ausgewählt habe. Ich freue mich, wenn Sie Wien »nachhaltig« bereisen und wünsche viel Spaß beim Entdecken, Lesen und Genießen!

Mira Nograsek

Wussten Sie, dass Wien mehrmals zur lebenswertesten Stadt der Welt ausgezeichnet wurde? Dabei spielte der Umweltfaktor neben politischen, sozialen und wirtschaftlichen Aspekten eine Rolle.

1

Simply Raw Bakery
Drahtgasse 2 / Am Hof
A-1010 Wien
+43 (0)677 62469124
www.simplyrawbakery.at

KAFFEE UND KUCHEN MAL ANDERS
Simply Raw Bakery

Beginnen wir im Herzen Wiens mit einem Stück Kuchen. Denn das kann man in der österreichischen Hauptstadt am allerbesten: Kaffee trinken und sich dazu mit einer sogenannten Mehlspeis verköstigen. Allerdings: Auch wenn der Unterschied kaum erkennbar ist, aber Mehl wird man in den Kuchen und Torten der *Simply Raw Bakery* vergeblich suchen.

   In der Straße, wo früher Draht gezogen wurde, wird heute pflanzlicher roher Kuchen in Bio-Qualität gebacken – pardon, ich meine natürlich zubereitet. Gabriele und Shanna, Mutter und Tochter, die sich ganz dem Leben als Rohkost-Veganerinnen verschrieben haben, wollen mit ihrem kleinen Café diese Vorzüge und Kreationen mit der Welt teilen. Nicht umsonst sind sie direkt im touristischen ersten Bezirk angesiedelt. Aber auch Wiener sollten zumindest einmal die kreativen Köstlichkeiten probiert haben. Denn die cremigen Torten können es locker mit einer klassischen Sachertorte oder einem hiesigen Apfelstrudel aufnehmen. Statt mit Schlagobers, also Sahne, wird mit Cashew-Creme getoppt, statt Mehl bilden Chiasamen den Tortenboden. Für alles gibt es einen gesunden und passenden Ersatz.

   Wer lieber schon am frühen Morgen das Café aufsuchen möchte, dem offenbart sich eine große Auswahl an Frühstücksoptionen. Pikante Schleckermäuler bekommen glutenfreies Brot, getoppt mit Avocado, Hummus oder Schnittlauch. Auf der süßen Seite kann zwischen Smoothie-Bowls, Waffeln, Grawnola (hierbei handelt es sich um keinen Tippfehler), Kokosjoghurt oder Porridge gewählt werden. Und dann gibt es natürlich noch die große Auswahl an Kuchen und Torten, die jeden Tag an der Theke variieren. Man würde meinen, am Ende einem Zuckerschock erliegen zu müssen, aber keine Sorge, denn auch raffinierten Zucker gibt es in der *Simply Raw Bakery* nicht. Satt und dabei glücklich wird man dennoch.

Das Café ist klein, eine Reservierung wird empfohlen.

Das Café ist nur einen fünfminütigen Fußweg von der U-Bahnstation Stephansplatz entfernt.

PREIS-TAFEL

1 Kugel 1,7 €
2 Kugeln 3,2 €
3 Kugeln 4,5 €
4 Kugeln 5,6 €
Big Wow! 6,7 €

EISBOX
zum Mitnehmen KLEIN
3,90 €

EISBOX
zum Mitnehmen GROSS
14,60 €

2

Eis Greissler
(März–Dezember)
Rotenturmstraße 14
A-1010 Wien
+43 (0)2647 42950
www.eis-greissler.at

EIN KALTES ERLEBNIS
Eis Greissler

Das Verbindungsglied zwischen dem Wiener Wahrzeichen, dem Stephansdom, und dem wichtigen Verkehrsknotenpunkt Schwedenplatz ist die Rotenturmstraße. An vielen Tagen gleicht sie einem Parcours, auf dem abwechselnd großen Touristengruppen und Autos ausgewichen werden muss. Meiden sollte man den Weg aber trotzdem nicht, denn hier befindet sich eines der besten Eisgeschäfte Wiens: der *Eis Greissler*.

Im niederösterreichischen Krumbach, mitten in der »Buckligen Welt«, haben Andrea und Georg Blochberger gemeinsam mit ihren 50 Bio-Kühen eine Genussrevolution gestartet. Mit viel Kreativität und Mut zu außergewöhnlichen Zutaten wurden vorzügliche Eissorten entwickelt, die seit 2011 ebenso in Wien geschleckt werden können. Alle kommen ohne künstliche Aromen, Konservierungsmittel und Farbstoffe aus. Vielmehr wird auf die hohe Qualität und Frische der Produkte geachtet. Dabei sind stets regionale und saisonale Bio-Waren in Verwendung. Ab und an werden aber auch exotischen Zutaten, wie etwa Mango oder Vanille, dem Gefrorenen beigemengt. Die Kooperation mit regionalen Betrieben wie etwa der Kräuterhandlung *Sonnentor* für die Bio-Gewürze oder kleinen Bio-Bauernhöfen ist maßgebend für die Geschmacksvielfalt und interessanten Kreationen, zu den etwa Kürbiskernöl oder Graumohn gehören. Die Auswahl an Eiscreme variiert täglich, für Veganer gibt es jeden Tag mindestens zwei Creme-Varianten, die aus österreichischem Soja oder Mandeln hergestellt werden. Außerdem kommen die Sorbets ebenfalls ohne tierische Produkte aus.

Von der Warteschlange in der Rotenturmstraße darf man sich nicht erschrecken lassen. Es geht doch schneller voran, als man denkt, und am Ende lohnt sich das bisschen Warten für das mit Leidenschaft kreierte Eis allemal.

Hier gibt es Eisgenuss vom Frühjahr bis in den Winter!

Mit der U1 oder U3 bis zur Station Stephansplatz. Außerdem gut erreichbar mit der U4 und den Straßenbahnlinien 1 und 2, Station Schwedenplatz.

Pioniere der Naturkosmetik

Staudigl
Wollzeile 4
A-1010 Wien
+43 (0)1 5124297
www.staudigl.at

DUFT UND PFLEGE AUS DEM GRÜNEN
Naturparfümerie *Staudigl*

Die Wollzeile im ersten Wiener Gemeindebezirk ist eine der beliebtesten Einkaufsstraßen Wiens. Hier finden vor allem traditionelle Konditoreien, Buchhandlungen und allerhand luxuriöse Waren ihre Kunden. Spaziert man die Wollzeile stadtauswärts entlang, entdeckt man gleich zu Beginn die Naturparfümerie *Staudigl*.

Christina Wolff-Staudigl hat den Betrieb, der ursprünglich von ihren Eltern als Reformhaus in den 1970er-Jahren gegründet wurde, 2013 übernommen und neu konzipiert. Neben dem Reformhaus in der Wollzeile 25, wo sich alles um die Ernährung dreht, ergänzt die Naturparfümerie ein paar Gebäude weiter in der Nummer vier das Sortiment. Ich selbst bin seit einigen Jahren bei *Staudigl* Stammkundin. Denn im Gegensatz zu herkömmlichen Parfümerien oder Drogerien weiß ich, dass hier sehr viel Leidenschaft hinter der Auswahl der einzelnen Produkte und Marken steckt. Die äußerst kompetente und freundliche Beratung ist mitunter ein Grund, weshalb ich mich in diesem Geschäft so wohl fühle. Neben einem enormen Angebot an verschiedenen Naturkosmetikprodukten entdeckt man zudem nachhaltige Utensilien fürs Badezimmer und alles rund um eine ökologische Damenhygiene. Eine Besonderheit ist das hübsch eingerichtete, sogenannte Frauenzimmer, wo man nicht nur durch hochwertige dekorative Naturkosmetik stöbern darf, sondern nebenbei Gesichtsbehandlungen und Beratungen buchen kann.

Wer hätte gedacht, dass es mitten in der Wollzeile einen Familienbetrieb mit so viel Leidenschaft zur Naturkosmetik gibt. Und obwohl Bio-Qualität und Nachhaltigkeit einen hohen Stellenwert haben, sagt der Laden mit seinem luxuriösen Auftreten und der Liebe zum Detail allen verstaubten Öko-Vorurteilen den Kampf an.

Im Onlineshop von *Staudigl* können Sie auch außerhalb Wiens auf das tolle Angebot der Naturparfümerie zurückgreifen.

Zu der Station Stephansplatz gelangt man mit der U1 oder U3, von dort aus ist die Naturparfümerie nur einen Zwei-Minuten-Fußweg entfernt.

4

Bäckerei Öfferl
Wollzeile 31
A-1010 Wien
+43 (0)2522 88337
www.oefferl.bio

BIO-BROT AUS DEM DAMPFOFEN
Bäckerei Öfferl

Oft bildet sich vor dem kleinen Geschäft der Dampfbäckerei *Öfferl* eine lange Schlange bis raus auf die Wollzeile. Zahlreiche Konditoreien, Cafés und auch Bäckereien liegen in direkter Nachbarschaft, weshalb man sich spätestens angesichts dieser regelmäßig stattfindenden Menschenansammlungen die Frage stellt: Was haben die, das andere nicht haben?

Der Familienbetrieb *Öfferl* ist eigentlich im niederösterreichischen Weinviertel angesiedelt und hat mit dem kleinen Laden und dem dazugehörigem Bistro im ersten Wiener Gemeindebezirk ein kleines Mecca für Brotliebhabende erschaffen. Mit sorgsam ausgewählten Bio-Produkten aus dem Weinviertel werden Brote und Mehlspeisen in Handarbeit hergestellt. Die Sauerteigbrote ruhen zwei Tage, bis sie schließlich zweimal im Dampfbackofen gebacken werden. Dieser herrliche Duft weht schon bis raus auf die Straße. Bei den Backwaren sind besonders die sogenannten *Cruffins* beliebt, eine Mischung aus Croissant und Muffin, die mit unterschiedlichen Cremen und Früchten gefüllt und getoppt werden. Wer sich für sein belegtes Brot oder ein warmes Mittagsmenü gern hinsetzen möchte, der kann dies im hinteren Bereich im hip eingerichteten Bistro tun.

Bio-Produkte aus dem Weinviertel, wie Eier, Honig, Milch oder Marmelade, kann man übrigens direkt im Laden erwerben, um sich zu Hause sein eigenes regionales Bio-Frühstück zuzubereiten.

Übrigens: Wie der Name Wollzeile schon verrät, waren hier im Mittelalter vor allem Wollhändler und -weber beschäftigt. Weil die Straße ursprünglich nur einseitig bebaut wurde, erhielt sie den Namen Zeile. Eine Zeile ist sie heute keine mehr und auch die Wollweber sucht man vergeblich. Durch eine Auswahl an kleinen Boutiquen und Cafés ist die Gegend jedoch heute noch sehr beliebt.

Wer nicht genug bekommen kann: In Wien gibt es drei weitere *Öfferl*-Filialen.

Der Laden befindet sich nur ein paar Schritte von der U-Bahn Station Stubentor entfernt, erreichbar mit der U3.

5

Galerie Kunstwelle (ehemals »Atelier Wienblick«)
Augustiner Straße 12
A-1010 Wien
+43 (0)1 5125217
www.kunstwelle.at

PINSEL UND FARBE FÜR DAS MEER
Galerie Kunstwelle

Sind Sie auf der Suche nach einem authentischen Souvenir oder einem künstlerischen Andenken an die Stadt an der Donau? In der Galerie Kunstwelle wird Wien mit dem Pinsel aus allen Perspektiven dargestellt. Der kleine Familienbetrieb in der Augustiner Straße hat sich auf traditionelle Aquarelle und Radierungen spezialisiert. Gegründet wurde das ehemalige Atelier Wienblick von dem Künstlerpaar Khosrow Salehi und Alexandra Salehi-Vogler. 2020 hat ihre Tochter Barbara Salehi die Galerie übernommen. Es gibt zwar weiterhin die gewohnten Kunstwerke zu kaufen, Produktion und Präsentation soll nun aber vermehrt nachhaltig vonstattengehen.

Die Künstlerin Barbara Salehi, die selbst oft in ihrer Freizeit an der Donau Müll einsammelt, versucht im Atelier so wenig Plastik wie nur möglich zu verwenden. Ihre Leidenschaft für das Meer und dessen Bewohner animiert sie, nicht nur Bilder davon zu malen, sondern auch das Ökosystem zu schützen. Durch die Verwendung von Salzwasser kristallisiert die Farbe auf ihren Kunstwerken und kreiert dadurch einen einzigartigen Stil. Von jedem der verkauften Gemälde mit Meerestieren werden 20 Prozent des Erlöses an eine gemeinnützige Organisation gespendet. Wenn Barbara nicht gerade Vintage-Bilderrahmen auf Flohmärkten für ihre Galerie erwirbt, erhält sie von einem kleinen Betrieb aus Kärnten Nachschub an handgefertigten Bilderrahmen.

Immer wieder dient die kleine Galerie Kunstwelle im Herzen Wiens als Plattform für regionale Künstlerinnen. Die Unterstützung von Malerinnen liegt der Inhaberin besonders am Herzen. Außerdem werden auch gerne Auftragsarbeiten angenommen. Egal ob es sich um ein Exlibris, ein Gemälde des eigenen Haustieres oder ein Bild für das Kinderzimmer handelt, die Familie Salehi versteht ihr Handwerk und malt mit viel Liebe und Erfahrung das gewünschte Motiv.

Barbara bietet auf Nachfrage Mal-Workshops für ein bis zwei Kinder an.

Mit dem Bus 2A bis zur Haltestelle Albertinaplatz. Alternativ mit der Linie 1, 2, 71 und D bis zur Haltestelle Oper/Karlsplatz.

Das nächste Objekt befindet sich in diesem Raum.

6

Kunsthistorisches Museum
Maria-Theresien-Platz
A-1010 Wien
+43 (0)1 525240
www.khm.at

Tourist-Info Wien
Albertinaplatz/
Maysedergasse
A-1010 Wien
www.wien.info

KLIMAWANDEL UND GEMÄLDE
Kunsthistorisches Museum

Ich stehe am Maria-Theresien-Platz und vor mir erhebt sich das beeindruckende Kunsthistorische Museum (KHM). Ein Gebäude aus dem Historismus, das im Zuge der Entstehung der Ringstraße im 19. Jahrhundert erbaut wurde. Übrigens gemeinsam mit dem Naturhistorischen Museum, das sich genau gegenüber befindet.

Das KHM sollte auf dem Wien-Programm all jener ganz oben stehen, die sich für Kunst in irgendeiner Art und Weise interessieren. Die Sammlung ist so groß, dass man sie niemals an einem einzigen Tag besichtigen könnte. Daher ist es umso sinnvoller, sich bei einem Besuch einzelnen Themen zu widmen, wie etwa der Kunstkammer, der Ägypten-Ausstellung oder der Gemäldegalerie. Eine wunderbar innovative Art der Kunstvermittlung versteckt sich hinter den sogenannten *KHM Stories,* einer App, die speziell für das KHM entwickelt wurde. Beim Betreten des Museums einfach downloaden und zwischen verschiedenen Führungskonzepten wählen. *Schnee von gestern – Klima, Kunst und Katastrophen* lenkt gut eine Stunde durch verschiedene Teile der Ausstellungen und macht auf das schwierige Verhältnis zwischen Menschen und Natur aufmerksam. So wird über Klimawandel und Umweltgeschichte anhand von Kunstgemälden, Büsten und Elfenbeinschnitzereien gesprochen. Hiermit ist Aufs-Handy-Starren im Museum ausnahmsweise erwünscht.

Für wissbegierige Kinder gibt es jeden Samstag Führungen durch verschiedene Themengebiete des KHM. Jeden letzten Sonntag im Monat bietet ein eigenes Kinderatelier außerdem jungen Künstlern die Möglichkeit, sich kreativ zu entfalten.

Das KHM ist nicht nur wegen seiner wunderschönen Architektur und der großen Sammlung an bedeutenden Kunstwerken einer meiner Lieblingsplätze. Das Team hinter den Kulissen macht sich sichtlich Gedanken, um Klimaschutz in einem Museum zu thematisieren, wo er auf den ersten Blick gar nichts zu suchen hat.

Mehr als 200.000 Bienen produzieren auf dem Dach des KHM Honig, der im Museumsshop gekauft werden kann.

Station Volkstheater mit U2 und U3 oder Station Burgring mit der Bim 1, 2, 71 und D.

7

Yamm!
Universitätsring 10
A-1010 Wien
+43 (0)1 5320544
www.yamm.at

DAS GRÖSSTE VEGETARISCHE BUFFET
Restaurant *Yamm!*

Eine riesige Fensterfront, auf der gegenüberliegenden Seite erstreckt sich das alte Hauptgebäude der Universität Wien. Das Einzige, das uns voneinander trennt, ist der Ring, der wegen der zahlreichen Sehenswürdigkeiten die wohl signifikanteste Straße Wiens ist. Nicht umsonst ist das *Yamm!* eines der beliebtesten vegetarischen Restaurants in dieser Ecke. Von der einen Seite kommen die Studenten, von der anderen Seite strömen Geschäftsleute und Touristen aus dem ersten Bezirk in das Lokal. Man könnte also behaupten, der Platz sei strategisch gut gewählt.

Nicht nur die geografische Lage ist stimmig, sondern auch das Wohlbefinden für Magen und Herz stehen hier an erster Stelle. Täglich öffnet das wohl größte vegetarische Buffet der Stadt seine Pforten. Die Speisen von *Yamm!* sind 100-prozentig bio-zertifiziert und zeichnen sich durch eine hohe Qualität und ressourcenschonende Lebensmittelverarbeitung aus. Das Buffet eignet sich darüber hinaus für Allergiker oder Veganer, die genau auf ihre Bedürfnisse abgestimmt ihr eigenes Menü zusammenstellen können. Wer lieber, so wie ich, von allen Seiten bedient werden möchte, darf selbstverständlich ebenso à la carte bestellen. Das bietet sich vor allem zum Frühstücken sehr gut an. Am Wochenende und an Feiertagen gibt es außerdem das beliebte Bio-Brunch-Buffet, bei dem garantiert selbst Langschläfer noch gesund und gut genährt in den Tag starten können. Dazu gesellt sich hochwertiger Kaffee aus Wiener Röstung oder ein anderes Heißgetränk Ihrer Wahl.

Die Frage ist nur, soll man nach dem Frühstück direkt am Mittagsbuffet weiterschlemmen oder doch ein Päuschen einlegen und vor dem Abendessen am Buffet noch für eine Verdauungsrunde durch den ersten Bezirk flanieren? Denn trotz der vielen Gäste und des regen Treibens bleibt es gemütlich, wenn der Blick über das hektische Treiben draußen am Ring zurück auf den Teller voll mit Glück schweift.

Diese Köstlichkeiten lieber in den eigenen vier Wänden genießen? Kein Problem, die Speisen gibt es auch zum Mitnehmen.

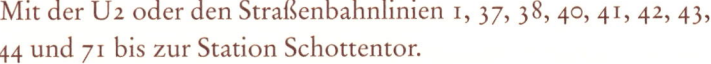

Mit der U2 oder den Straßenbahnlinien 1, 37, 38, 40, 41, 42, 43, 44 und 71 bis zur Station Schottentor.

8

Bio-Markt Freyung
(jeden Freitag
und Samstag)
Freyung
A-1010 Wien
+43 (0)664 1619823
www.biobauernmarkt-
freyung.at

Altwiener Markt
Freyung
A-1010 Wien
+43 (0)680 1335875
www.altwiener-markt.at

ERSTE ADRESSE FÜR FRISCHE WARE
Bio-Markt Freyung

Wir befinden uns am größten Platz in der Wiener Innenstadt, der Freyung. Der Name geht womöglich auf die Befreiung des Schottenklosters von der städtischen Gerichtsbarkeit zurück. Das Gebäude der iroschottischen Mission, das bereits Anfang des 12. Jahrhunderts erbaut wurde, ist heute noch ein signifikantes Wahrzeichen der Gegend. Bereits im Mittelalter wurden auf dem Platz Pferde gehandelt, erst später etablierte sich langsam ein Verkaufspunkt für Gemüse, der aber wegen seiner Lautstärke bei den Bewohnern nicht sehr beliebt war und somit auf den heutigen Naschmarkt umsiedeln musste.

Die Tradition des Marktes wurde aber schließlich wiederbelebt und so gehen seit mehr als 30 Jahren jeden Freitag und Samstag Händler und Landwirte ihrer Arbeit nach. Es handelt sich aber nicht um einen gewöhnlichen Verkaufsplatz, sondern um den europaweit ersten rein biologischen Markt. Alle Verkäufer produzieren aus Überzeugung qualitativ hochwertige Bio-Produkte. Es gibt Bio-Fisch, -Käse, -Fleisch, -Brot, -Gemüse und -Obst. Besonders beliebt sind auch die Bio-Weine, die selbstverständlich direkt vor Ort verköstigt werden können. So wird der sonst recht leere Platz im Herzen Wiens schnell zu einem gemütlichen Treffpunkt von Wienern und Touristen, die sich bei einem Bio-Spritzer durch die Schmankerl der Standler kosten.

Ein Highlight ist der Altwiener Markt, der zur Weihnachtszeit und Ostern Traditionshandwerk, Kunst, Holzspielsachen und festliche Dekoration zum Verkauf stellt. Dazu finden Konzerte und Kinderprogramme statt, die vor allem bei Familien sehr beliebt sind. Auch der Bio-Markt bringt sich mit kreativen Köstlichkeiten beim Altwiener Christkindl- und Ostermarkt ein.

Einfach ein Baumwollsackerl (Tüte) oder einen Korb zum Einkauf selbst mitbringen, um Plastikmüll zu vermeiden.

Mit dem Bus 1A bis zur Teinfaltstraße. Alternativ mit den Straßenbahnlinien 1, 37, 38, 40, 41, 42, 43, 44 oder mit der U2 bis zum Schottentor.

9

Sonnengrün e. U.
Hollandstraße 12
A-1020 Wien
+43 (0)660 1964270
www.sonnengruen.com

SAG DEM KUNSTSTOFF ADE
Drogerie *Sonnengrün*

Schon einmal die Zähne mit Pulver geputzt, einen Rasierhobel benutzt, Deo-Creme verwendet oder mit wiederverwendbarer Küchenrolle aufgewischt? In der Drogerie *Sonnengrün* gibt es diese, aber auch viele andere Produkte, die innovativ und umweltfreundlich sind und garantiert ohne Kunststoff auskommen.

Im zweiten Bezirk in der Hollandgasse befindet sich ein kleiner, unscheinbarer Laden, der aber für viele Überraschungen zu haben ist. Elisabeth Sonnleithner hat ein neues Geschäftsmodell in die Hauptstadt gebracht und versorgt seit einigen Jahren viele Wiener mit plastikfreier Drogerieware. Entstanden ist der Grundgedanke mit der Geburt ihrer Kinder und dem wachsenden Umweltbewusstsein, das sich daraus entwickelt hat. Während sie selbst viele verpackungsfreie Produkte ausprobiert und in ihren Alltag integriert hat, machte sie sich auf die Suche nach einer Möglichkeit, um andere von dieser Idee zu begeistern. Damit wurde das Unternehmen *Sonnengrün* geboren, das nicht nur in der Hollandstraße für wahrlich interessante Entdeckungen sorgt, sondern ebenso Online-Bestellungen von Kunden entgegennimmt, für die der Weg in den zweiten Wiener Gemeindebezirk zu weit ist.

Neben der überaus kompetenten und leidenschaftlichen Beratung findet man in diesem kleinen Laden allerhand Nützliches fürs Badezimmer, zum Putzen und Waschen. Kunststoff sucht man hier vergeblich. In das eigens mitgebrachte Behältnis werden Putz- und Waschmittel abgefüllt, Duschgel und Haarshampoo sind in fester Form ohne jegliche Verpackung zu bekommen. Wattestäbchen, Zahnseide und Klopapier sind ausschließlich in Papier eingeschlagen. Trotz des kleinen Ladens ist die Auswahl riesig und lässt auch bereits eingespielte »Zero-Wastler« (Menschen, die generell verpackungsfrei einkaufen) staunen.

Wer sich näher mit Naturkosmetik beschäftigen möchte, der kann an einem Workshop im *Sonnengrün* teilnehmen.

Nehmen Sie die Straßenbahnlinie 2 oder den Bus 5 A bis zum Karmeliterplatz.

10

Harvest Café-Bistrot
Karmeliterplatz 1
A-1020 Wien
+43 (0)676 4927790
www.harvest-bistrot.at

DAS WOHNZIMMER WIENS
Harvest Bistrot

Egal ob Sommer oder Winter, im vegetarischen *Harvest Bistrot* fühlt man sich immer wie Zuhause. Die Einrichtung erinnert ein wenig an die Wohnung der Großmutter. Mit Liebe zum Detail wurden Vintagemöbel mit Spitzendeckchen kombiniert. Auch wenn kein Stuhl zum anderen passt, macht gerade das den Reiz aus. Zu essen und trinken gibt es im *Harvest* überwiegend Bio- und Fairtrade-Produkte, ebenso wird im Bistro auf Regionalität und Saisonalität viel Wert gelegt. Mit einer einzigen Ausnahme stehen auf der Speise- und Getränkekarte nur pflanzliche Mahlzeiten und Getränke: Hierbei handelt es sich um die Kuhmilch, die weiterhin zu Kaffee- oder Kakaogetränken gereicht wird. Die Küche ist also komplett vegan und bietet mittags, zusätzlich zur normalen Speisekarte, ein veganes Tagesmenü an. Neben den pflanzlichen Gerichten wird auch Rücksicht auf Getreideunverträglichkeiten genommen, deshalb stehen ebenfalls einige glutenfreie Mahlzeiten zur Auswahl.

Besonders beliebt bei den Gästen ist der *All-vegan-brunch*, der immer Samstag und Sonntag bis spät in den Nachmittag hinein andauert und dadurch genauso allen Langschläfern eine Chance auf ein köstliches Frühstück bietet. Abgesehen von den Klassikern wie Müsli- und Aufstrich-Variationen gibt es etwa *Tofu-Scramble*, das vegane Pendant zur Eierspeise, und eine Vielzahl an warmen Mittagsgerichten. Eine Reservierung für den Brunch wird unbedingt empfohlen.

Das wohl geselligste Wohnzimmer Wiens befindet sich am Karmeliterplatz im zweiten Gemeindebezirk. Dieser wurde nach dem Karmeliterorden benannt, dessen Kloster und Kirche hier erbaut wurden. Die Gegend ist vor allem abends im Sommer ein beliebter Treffpunkt in den Gastronomiebetrieben.

Das *Harvest* eignet sich auch für Feiern oder große Gruppen bei Voranmeldung.

Die Anfahrt ist mit der Straßenbahnlinie 2 oder mit dem Bus 5A bis zum Karmeliterplatz möglich. Von hier aus sind es nur noch ein paar Schritte bis zum Bistro.

11

City Farm Augarten
Obere Augartenstraße 1c
A-1020 Wien
+43 (0)660 6648450
www.cityfarm.wien

ERLEBNISGARTEN IN DER STADT
City Farm Augarten

Sauerampfer kennen nur Kinder vom Land? Brennnesseln sind Unkraut? Und Gemüse wächst nur in den warmen Jahreszeiten? Mit diesen Vorurteilen wird in der *City Farm* direkt am Augarten schnell aufgeräumt. Der Erlebnisgarten bietet Kindern und Erwachsenen eine Möglichkeit, in die Welt des Gärtnerns einzutauchen, und zeigt, was in der Stadt, am Balkon oder in der eigenen kleinen Grünanlage alles umsetzbar ist.

Am Boden krabbelt es, die Bienen summen und es duftet nach frischen Kräutern. Die idyllische Anlage mitten in der Millionenmetropole öffnet für eine Führung oder einen Workshop durch die Pflanzenvielfalt mindestens einmal im Monat seine Pforten. Fast alles, was auf den 4.000 Quadratmetern wächst, ist essbar. Nur ein paar wenige Zierpflanzen haben sich an diesen Ort verirrt, die man lieber nicht zwischen die Zähne bekommen sollte. Hier ein paar Radieschen, da eine Zuckerschote oder ein bisschen Spinat. Während der Führung kann ordentlich genascht werden und dazu gibt es Tipps für den eigenen Versuch, Kohlrabi, Tomate und Mangold in der Stadt anzubauen. Dabei sollen die Besucher für Saisonalität und Regionalität der verschiedenen Sorten sensibilisiert werden. Denn was viele nicht wissen: Gemüse wächst auch im Winter! Genau aus diesem Grund kann man die *City Farm* das ganze Jahr über besuchen. Der Leiter dieses Projekts, Wolfgang Palme, hat bereits selbst Bücher zu diesem Thema geschrieben und empfiehlt deshalb die Workshops und Führungen in den kalten Monaten besonders.

Neben diesem lehrreichen und spannenden Angebot für Erwachsene kommen auch die Jüngsten nicht zu kurz. Kinder werden bei den Workshops und Veranstaltungen in der *City Farm* ermutigt, selbst Hand anzulegen, dürfen ernten und anbauen. Dabei lernen sie vieles über Pflanzen und ihre Samen oder können die Nutztiere, wie Bienen und Regenwürmer, bei ihrer Arbeit beobachten.

Im Frühling und Herbst werden (Winter-)Jungpflanzen zum Verkauf angeboten.

Mit der U2 oder der Straßenbahn 2 bis zur Station Taborstraße. Oder mit der Straßenbahn 31 bis zur Station Obere Augartenstraße.

12

Lunzers Maß-Greißlerei
Heinestraße 35
A-1020 Wien
+43 (0)1 2121387
www.mass-greisslerei.at

EINKAUFEN WIE DAMALS
Unverpacktladen *Lunzers Maß-Greißlerei*

Die große Heinestraße zwischen dem Verkehrsknotenpunkt, dem Praterstern, und dem Augarten ist wegen ihres Verkehrsaufkommens wohl eine der lautesten Straßen der Leopoldstadt, aber dafür weit unterschätzt. Neben gemütlichen Cafés und hippen Restaurants ist auch *Lunzers Maß-Greißlerei* in der Straße angesiedelt, einer der Unverpacktläden Wiens.

An diesem Ort gibt es fast alles, was das verpackungsfreie Herz begehrt. Von exotischen Getreidesorten über eine Vielfalt an duftenden Gewürzen bis hin zu plastikfreien Hygiene- und Haushaltsartikeln wird alles ohne Einwegverpackung angeboten. Großen Wert wird auf Saisonalität und Regionalität gelegt. Das Prinzip ist einfach: Das selbst mitgebrachte Behältnis wird zu Beginn an der Theke gewogen, ein Sticker mit dem Gewicht wird auf das Glas oder die Box geklebt und nun kann nach Lust und Laune befüllt werden. Das Personal weiß bestens über die Ware Bescheid und erteilt auch Tipps für einen nachhaltigen, plastikfreien Lebensstil. Wenn etwas noch nicht im Angebot ist, dann kann sich das bald ändern. Denn bei *Lunzers* wird auf Kundennachfrage gerne das Sortiment erweitert. Alles was man in diesem Laden bekommt, wird aus dem biologischen Anbau von kleinen Landwirtschaftsbetrieben der Umgebung bezogen. Gemüse und Obst, das sonst nur am Wochenende auf dem Bio-Bauernmarkt zum Verkauf steht, wird hier sechsmal die Woche in den Regalen des Greißlers angeboten. Natürlich ohne lästige Plastikverpackung rundherum.

Im dazugehörigen Café kann anschließend entspannt werden. Bei einem warmen Bio-Mittagsmenü oder einem Nachmittagskaffee mit einem Stückchen Bio-Kuchen lässt sich das Treiben auf der Heinestraße beobachten. Die Devise bleibt: gemütlich einkaufen, nur nicht stressen!

Der Greißler eignet sich auch als grüne Event-Location.

Erreichbar über die Station Praterstern mit der U1 und U2, der S-Bahn oder den Straßenbahnlinien 5 und O.

13

Karma Food
Ausstellungsstraße 63
A-1020 Wien
+43 (0)676 9148012
www.karmafood.at

ESSEN FÜRS BESSERE GEWISSEN
Restaurant *Karma Food*

Einfach immer der Nase nach, wenn man zu *Karma Food* in die Ausstellungstraße finden möchte. Denn nicht nur der Lavendel, der im Frühjahr im Gastgarten blüht, verbreitet einen herrlichen Duft, sondern auch die von Ayurveda inspirierten Gerichte. Neben ausgewogenem und gesundem Essen haben Transparenz und Nachhaltigkeit einen hohen Stellenwert. Die Zutaten für unverwechselbare Currys, Suppen und Bowls werden alle nach strengen Kriterien ausgewählt, kommen zum Großteil aus Wiens Umgebung und werden passend zur Jahreszeit verarbeitet. Zu jedem Kraut, jedem Stück Brot, Tofu oder Ei kann Ihnen das *Karma Food*-Team genaue Informationen über seine Herkunft geben.

Adi, ausgebildeter Ayurveda-Coach, steht jeden Morgen schon früh in der Küche und zaubert gemeinsam mit dem gesamten Team gesundes, leckeres Essen voller Nährstoffe. Seine Leidenschaft fürs Kochen und Experimentieren mit verschiedensten Gewürzen und Zutaten hat Adi von seinen Großeltern aus Indien geerbt. Simone ist die treibende Kraft und gleichzeitig der Anker im *Karma Food*. Auf Reisen lässt sich Simone ständig inspirieren. Dabei studiert sie kulinarische Trends und tüftelt und probiert ständig an neuen Kreationen für die Küche ohne schlechtes Gewissen. Ihre Kreativität spiegelt sich nicht nur in der Speisekarte wider, sondern ebenso in der Inneneinrichtung eines jeden *Karma Food*-Restaurants.

Das *Karma Food* in der Leopoldstadt hat bis in den Nachmittag hinein geöffnet und bietet rund um die Uhr Frühstück an. Egal ob ein herzhaftes Sandwich mit Portobello-Pilz, Babyspinat und Hummus oder ein süßes Quinoa-Kokos-Porridge mit Passionsfrucht – für alle Geschmacksnerven ist was dabei. Auf der Speisekarte findet sich ein vegetarisches Gericht neben dem anderen, auch die Auswahl für Veganer ist abwechslungsreich und groß.

Zum Lunch laden gleich drei weitere *Karma Food*-Lokale im ersten und siebten Bezirk ein.

Das Bistro ist mit der U2 oder mit dem Bus 82A über die Haltestelle Messe Prater zu erreichen.

14

Neben sportlichen Aktivitäten ist auf der Wiese liegen und in Baumkronen schauen im Prater genauso beliebt

Wiener Prater
Startpunkt für Spaziergang: Praterstern/
Hauptallee
A-1020 Wien
www.wien.gv.at

ZENTRALE NAHERHOLUNG
Wiener Prater

Der Name Prater leitet sich vom lateinischen »pratum«, zu Deutsch »Wiese«, ab und ist bis heute genau das geblieben: eine etwa sechs Quadratkilometer große Wiese, die zugegebenermaßen auch viel Wald beinhaltet. Mittlerweile führen Straßen und Wege durch das Gelände, Spielplätze und Gastronomie gestalten den Park gleichermaßen, aber auch der berühmte *Wurstelprater* gehört zum beliebten Ausflugsziel.

Die Jesuiten und Augustiner waren die ersten nachgewiesenen Grundstücksbesitzer des heutigen Praters. Heute erinnert die *Jesuitenwiese* noch an einen der Vorbesitzer. Dort befindet sich der größte Spielplatz der Parkanlage mit einer Rutsche, die auch Erwachsenen garantiert viel Mut abverlangt. Im 16. Jahrhundert kamen Teile der Wiesen und Wälder in den Besitz der Habsburger, die über Jahrhunderte hinweg das Gelände als Jagdgebiet nutzten. Erst Mitte des 18. Jahrhunderts wurde der Prater für alle Bürger frei zugänglich gemacht. Er diente als Ausflugsziel vor allem an den Wochenenden und Feiertagen. Mit der Ansiedlung von Wirten und Kaffeesiedern wurde kurz darauf der Grundstein für den Vergnügungspark, den sogenannten *Wurstelprater* gelegt.

Abseits des Vergnügungsparks bietet das Areal weitflächige Wiesen, die zum Turnen, Spielen und Picknicken einladen. Die Wälder sind bei Spaziergängern beliebt und die asphaltierten autofreien Straßen werden von Radfahrern, Skatern und Joggern genutzt. Abends, wenn im Park Ruhe eingekehrt ist, kann mit ein wenig Glück sogar ein Reh oder ein anderes wildes Tier beobachtet werden. Der ausgeschilderte Stadtwanderweg 9, der am Praterstern beginnt, führt über 13 Kilometer fast vier Stunden lang quer durch den Park und ist besonders zu empfehlen, wenn man den Prater von all seinen Seiten kennen lernen möchte.

Rosskastanien zum Basteln oder zur Herstellung von Waschmittel können hier im Herbst gesammelt werden.

Erreichbar mit der U1, U2, der S-Bahn oder den Straßenbahnlinien 5 und O, Station Praterstern.

15

»magdas« Hotel
Laufbergergasse 12
A-1020 Wien
+43 (0)1 7200288
www.magdas-hotel.at

IM SCHLAF GUTES TUN
magdas Hotel

Im ehemaligen Seniorenheim der Caritas gehen heute Gäste aus aller Welt ein und aus. 2016 wurde das Gebäude aus den 1960er-Jahren aufgehübscht und aus den grauen Wohnräumen wurden hippe Hotelzimmer. Bis auf Matratzen und Bettlaken stammen alle Einrichtungsgegenstände aus zweiter Hand. Aus alten Stühlen wurden Nachtkästchen, aus ausrangierten Kofferablagen der ÖBB wurden Garderoben gebaut und hier und da entdeckt man antike Sofas, die von anderen Hotels gespendet wurden.

magdas Hotel versteht sich als Social Business, das nicht auf Gewinn ausgerichtet ist. Vielmehr soll Menschen mit Fluchthintergrund eine Ausbildung in der Hotellerie ermöglicht werden. Wir tauchen in einen weltoffenen Ort ein, wo 20 verschiedene Sprachen gesprochen werden und 16 Nationen vertreten sind. Von Profis werden Köche, Hotelkaufmänner und Kellner ausgebildet. *magdas Hotel* vereint all die Vorteile, die ein herkömmliches Hotel genauso bietet, nebenbei werden Menschen unterstützt, die es sonst schwer haben, in die österreichische Arbeitswelt einzusteigen.

Die Anreise mit Fahrrad oder Zug wird im Hotel mit einem Rabatt auf das Zimmer belohnt. Vor Ort können Puch-Fahrräder geliehen werden, um damit Wien zu erkunden. Im großen Garten gibt es nicht nur viele Sitzmöglichkeiten zum Verweilen, sondern ebenso einen Komposthaufen und zahlreiche nützliche Pflanzen, wie Löwenzahn und Ribisel, die im Restaurant verkocht werden. Honig vom Dach des Hotels kann im Shop erworben werden. Diese und andere ökologische Schmankerl können von Hotelgästen, aber auch von Tagesgästen im Restaurant in Anspruch genommen werden. Egal ob zum ausgiebigen regionalen Frühstück oder zum Mittag- und Abendessen, im großen Garten oder Erdgeschoss des Hotels lässt man es sich gut gehen.

Im September 2022 zieht *magdas Hotel* in den dritten Bezirk in die Ungargasse 38 um.

Mit dem Bus 80A bis zur Kurzbauergasse oder mit der Straßenbahnlinie O bis zur Station Franzensbrücke.

16

KUNST HAUS WIEN.
Museum Hundertwasser
Untere Weißgerber-
straße 13
A-1030 Wien
+43 (0)1 7120491
www.kunsthauswien.com

EIN GEBÄUDE WIE KEIN ANDERES

KUNST HAUS WIEN. Museum Hundertwasser

Es gibt verschiedene Gründe, warum das KUNST HAUS WIEN Ihre Aufmerksamkeit verdient hat. Ein Grund könnte sein, weil es sich um das erste Museum des Landes handelt, das mit dem Österreichischen Umweltzeichen ausgezeichnet wurde. Das Ausstellungshaus setzt auf Ressourcenschonung und Recycling, außerdem sind umweltfreundliche Drucksorten und Wandfarben in Verwendung. Im Shop findet man zum Großteil regionale und nachhaltige Produkte. Internationale Fotografien für die wechselnden Ausstellungen werden nicht um die halbe Welt geschickt, sondern direkt in Wien gedruckt. Das spart Transportwege und eine Menge Treibhausgase.

Ein anderer Grund könnte die organische und klimafreundliche Architektur von Friedensreich Hundertwasser sein. Obwohl er in den 1970er-Jahren mit seiner Fassaden- und Dachbewaldung auf taube Ohren gestoßen ist, sind seine Ideen heute so aktuell wie nie. Die unebenen Böden, die sogenannten Schönheitshindernisse an den Wänden und Werkzeug, das ins Treppengeländer eingearbeitet wurde, laden zum Schmunzeln und zum Nachdenken ein. In der Dauerausstellung auf zwei Stockwerken werden die naturnahen Malereien und Architekturmodelle von Hundertwasser gezeigt.

Wären das nicht schon Gründe genug, sind da noch die temporären Fotografie-Ausstellungen in den oberen beiden Etagen. Hierfür werden regelmäßig Fotografen ausgewählt, die sich mit den Themen Klimakrise und Nachhaltigkeit in ihren Arbeiten beschäftigen. Im reizenden Innenhof des KUNST HAUS WIEN finden wir die Garage von Hundertwasser, die heute als Schauraum für Künstler und Kreative gilt, die sich mit Gesellschaftspolitik und Ökologie auseinandersetzen. In der Galerie reichen die Themen von Artensterben über dystopische Zukunftsszenarien bis zu Müll in den Ozeanen.

Für Kinder und Familien gibt es an der Kassa ein Anleitungs- und Malheft, das spielerisch durch das Haus führt.

Die Anfahrt erfolgt mit der Straßenbahnlinie 1 oder O bis zum Radetzkyplatz. Von hier aus sind es nur noch fünf Minuten zu Fuß bis zum KUNST HAUS WIEN.

17

Nachbarschaftsgarten Sophiengarten
Gegenüber der Erdberger Lände 6
A-1030 Wien
www.sophiengarten.at

EINE OASE FÜR ALLE
Nachbarschaftsgarten Sophiengarten

Neben der Rotundenbrücke im Bezirk Landstraße wächst eine kleine Oase am Donaukanal. Der Sophiengarten wird seit 2016 als Gemeinschaftsgarten geführt und lädt Interessierte, Passanten und weit Angereiste jederzeit zum Verweilen ein. Denn was dieses Urban-Gardening-Projekt so besonders macht: Es ist nicht exklusiv, sondern möchte die öffentliche Fläche als Garten mit allen teilen.

Bis zu 50 Vereinsmitglieder aus der unmittelbaren Umgebung kümmern sich entweder finanziell oder praktisch um die Pflege der Pflanzen und die Instandhaltung des Platzes. Das eingezäunte Areal, das ehemals ein Spielplatz war, teilt sich in zwei Flächen. Der Bereich links hinter dem verschlossenen Tor ist nur für Vereinsmitglieder geöffnet. Hier wachsen Kürbisse, Melonen, Zucchini, Tomaten und verschiedenste Beeren. Sogar zwei Bienenstöcke sind am Ende des Gartens zu sichten. Der öffentliche Teil des Geländes befindet sich rechts vom Wasserhydranten. Eine wunderschöne, große Sitzgelegenheit aus Holz und Lehm wurde in Kooperation mit der technischen Universität gebaut. Auch hier stehen Hochbeete mit wild aufgegangenen Tomaten, bunten Blumen und Kräutern. Der Platz eignet sich, um selbst mitgebrachtes zu jausen oder Feste zu feiern. Bei Voranmeldung darf man Gas-Griller und Küche benutzen, ohne Mitglied des Vereins zu sein. Es gibt fließendes Wasser, das besonders beliebt bei Radfahrern und Joggern rund um den Donaukanal ist. Ein Stromanschluss bringt Licht in einen lauen Sommerabend.

Die Hochbeete wurden aus alten Paletten gebaut oder von gemeinnützigen Organisationen gespendet. Für die Aufzucht der Pflanzen sind Bio-Samen in Verwendung, es wird ein selbstnachwachsender Kreislauf verfolgt.

Der Garten ist nicht nur im Sommer, sondern auch im Winter zum Innehalten und gemütlichen Beisammensitzen geöffnet.

Mit der Straßenbahnlinie 1 oder dem Bus 4A bis zur Haltestelle Löwengasse. Von hier aus folgt man dem Donaukanal ein paar Meter stadtauswärts und schon erreicht man den Sophiengarten.

18

**Warenhandlung Wenig-
hofer Wanits**
Marxergasse 13
A-1030 Wien
+43 (0)1 2864095
www.warenhandlung.at

Koffeinschmiede
Schimmelgasse 12
A-1030 Wien
www.koffeinschmiede.at

DIE RENAISSANCE DER GREISSLER
Warenhandlung Wenighofer Wanits

Wir befinden uns in einer Renaissance. Nachdem wir über mehrere Jahrzehnte die Vorteile des Supermarktes genossen haben, sehen wir nun viele seiner Nachteile: alles in Plastik verpackt, Äpfel und Birnen aus Übersee, ein Überangebot, das zu Lebensmittelverschwendung führt. Und immer wieder derselbe unpersönliche Weg zwischen den Supermarktregalen.

Die beiden Schwestern Christiane Wenighofer-Wanits und Stephanie Wanits tragen zu der Renaissance des Greißlers bei. Sie wollen Lebensmittel aus der Region an die Theke bringen und somit Kleinbauern unterstützen. Außerdem funktioniert der Laden fast ausschließlich verpackungsfrei, denn auch das gehört zu dieser neuen Epoche dazu. Weg vom umweltschädlichen Plastik, dafür lieber das eigene Behältnis, die eigene Dose oder das eigene Glas zum Abfüllen mitbringen. Egal ob Schinken, Käse, Pasta oder Gewürze, all das kommt ohne Verpackungsmaterial aus, wenn die Kundschaft das eigene Behältnis dabeihat. Für all jene, die es vergessen haben, gibt es aber auch Vorrat zur freien Entnahme oder eben ein Baumwollsackerl mit Logo gegen ein paar Euro. Neben Lebensmitteln findet man zudem Kosmetik- und Hygieneartikel sowie Putzmittel zum selbst abfüllen und eine gute Auswahl an handgemachter Deko und Wohnaccessoires.

Wer sich nach dem Einkauf gerne noch etwas stärken möchte, darf dies im kleinen dazugehörigen Café tun. Hier kann man das Bio-Gebäck und die Mehlspeisen von *Gragger & Cie* kosten und trinkt dazu den fair gehandelten und in Wien gerösteten Kaffee von der *Koffeinschmiede*. Das gehört ebenfalls zur Renaissance des Greißlers: weniger Stress beim Einkaufen, mehr genießen und sich mal Zeit für ein Pläuschchen mit den Personen hinter der Theke nehmen.

Bei der Warenhandlung gibt es übrigens eine kleine Auswahl an *Veganista*-Eis.

Mit der Straßenbahnlinie O bis zur Station Marxergasse oder über Landstraße Wien-Mitte mit der S-Bahn, der U3 oder U4.

19

Joseph Brot
Landstraßer
Hauptstraße 4
A-1030 Wien
+43 (0)1 7102881
www.joseph.co.at

GEBÄCK AUS BIO-SAUERTEIG
Joseph Brot

Eine Weile war es in Wien gar nicht so einfach, ein hochwertiges Sauerteigbrot zu bekommen. Und plötzlich poppte da dieser *Joseph* in der Landstraßer Hauptstraße im dritten Bezirk auf und schloss diese »Versorgungslücke«. Kein Wunder, dass sich hier jeden Tag eine lange Schlange an hungrigen Kunden vor dem Tresen formiert. Das Brot ist zwar nicht billig, aber dafür ein echter Genuss.

Neben der Brottheke, wo man auch selbstgemachte Chutneys, Marmeladen und sogar den geschätzten Sauerteig kaufen kann, lockt natürlich das obligatorische Bistro dazu. Keine Sorge, eine Reservierung ist hinfällig, denn es werden keine entgegengenommen. Und obwohl das *Joseph Brot* immer gut besucht ist, bekommt man als kleine Gruppe in den meisten Fällen gut einen Tisch. Spätestens beim Hinsetzen fällt einem der Geruch von gemahlenem Kaffee und frisch gebackenem Brot auf. Dieser strömt durch alle Winkel des Cafés. Die Speisekarte ist übersichtlich und wird immer wieder an die Saison angepasst. So wird es nie langweilig und es findet sich immer etwas Neues zum Ausprobieren. Im *Joseph Brot* wird Wert auf 100 Prozent Bio-Produkte gelegt sowie auf Regionalität und Saisonalität. Vegetarier und Veganer freuen sich über eine innovative Auswahl fürs Frühstück oder Mittagessen.

Aber nicht nur von der Karte kann bestellt werden, sondern auch alle Leckereien der Theke dürfen im Bistro verspeist werden. Besonders begeistert bin ich immer wieder vom großen Angebot an veganen Mehlspeisen, bei denen man fast schon zweifeln muss, dass auf tierische Produkte vollkommen verzichtet wurde. Dazu ein Espresso, ein gutes Gespräch mit einem Freund und der Nachmittag nimmt so seinen perfekten Abschluss.

Mittlerweile laden fünf weitere *Joseph Brot*-Filialen in Wien zum Gustieren und Verweilen ein.

Direkt neben der Station Landstraße Wien-Mitte, erreichbar mit der S-Bahn, der U3 und U4 und der Straßenbahnlinie O.

20

Wiener Seife
Hintzerstraße 2
A-1030 Wien
+43 (0)1 7153171
www.wienerseife.at

Wiener Seife
Herrengasse 6–8, Lokal 14
A-1010 Wien
+43 (0)1 5322225

DIE REVOLUTION DES BADEZIMMERS
Wiener Seife

In der Hintzerstraße, nicht weit vom Rochusmarkt, geleitet einen der Duft der Wiener Seife ohne Umwege in den hübsch eingerichteten Laden. Die Seifenmanufaktur, die ebenfalls im dritten Wiener Gemeindebezirk angesiedelt ist, versorgt den Shop seit fast 15 Jahren mit natürlicher, von Hand gesiedeter Qualitätsseife.

Wer die Filiale betritt, ist nicht nur vom Duft und der stilvollen Einrichtung überwältigt, sondern auch von der großen Auswahl an verschiedenen festen Hygieneartikeln. Nach geheimer Rezeptur werden sie bei einem Kaltrührverfahren auf Kokosölbasis hergestellt. Ohne chemische Zusätze, wie etwa Mineralöle oder Konservierungsmittel, entstehen mehr als 70 verschiedene Seifen. Dabei wird viel Wert auf die Schonung der Ressourcen und die Verwendung von Bio-Produkten gelegt. Das Ziel von Wiener Seife ist es, vor allem die Badezimmer zu revolutionieren. Denn wer glaubt, dass der Block nur zum Hände waschen dient, der täuscht gewaltig. Dusch-, Haar-, Rasier-, Gesichts- und sogar Zahnputzseife erfinden Hygiene- und Pflegeartikel neu. Für das natürliche und plastikfreie Badezimmer finden Sie in diesem kleinen Shop fast alle erforderlichen Zutaten. Darüber hinaus gibt es spezielle Ware für Babys, Veganer und Tiere. Der kleine Quader dient daher nicht nur als klassischer Saubermacher, sondern auch als umweltfreundliche Alternative für Duschgels, Shampoos und Co.

Ein besonderer Geruch, auf den man im Laden stolz ist, ist der *Wiener Duft*. Dieses Aroma wurde im 18. Jahrhundert von einem hiesigen Apotheker kreiert und soll das Bild der Wiener Wäschermädel in Erinnerung rufen, die ihre weißen Textilien auf den Wiesen der Stadt zum Trocknen ausgelegt haben.

Eine weitere Filiale ist im ersten Bezirk in der Herrengasse zu finden.

Die Salzseife ist Duschgel, Haarshampoo, Zahnpasta und Gesichtsreinigung in einem und deshalb ein absoluter Allrounder.

Station U3 Rochusmarkt oder mit dem Bus 4A oder 74A Ausstieg Hintzerstraße.

21

**Botanischer Garten der
Universität Wien**
Mechelgasse/
Praetoriusgasse
A-1030 Wien
+43 (0)1 427754100
www.botanik.univie.ac.at/
hbv

**Tourist-Info
Hauptbahnhof**
Am Hauptbahnhof 1
A-1100 Wien
www.wien.info

EXOTISCHE GRÜNOASE IM DRITTEN
Botanischer Garten der Universität Wien

Im sonst eher betonreichen dritten Bezirk freut sich ein jeder besonders über den schattenspendenden Botanischen Garten der Universität Wien. Hier entdecken wir neue Pflanzen und schätzen vor allem im Frühjahr die blühenden Magnolien.

Der erste Spatenstich wurde im 18. Jahrhundert mit Anweisung von Maria Theresia getätigt. Mit Empfehlung ihres Hausarztes Gerard van Swieten entstand ein Garten, der vor allem für die medizinische Forschung und Anwendung genutzt wurde. Gemeinsam mit dem Palais Schwarzenberg, dem anschließenden Schweizer Garten und dem Park des Belvederes befindet sich hier inzwischen die größte Grünfläche der Wiener Innenstadt. Bis heute erforschen die Wissenschaftler der Universität Wien die Pflanzenwelt, in der rund 11.500 verschiedene Arten von sechs verschiedenen Kontinenten gedeihen.

Wer nicht einfach nur durch den Garten flanieren oder im Schatten einer Tanne auf einer Bank Platz nehmen möchte, der hat die Möglichkeit, an geführten Touren und Workshops teilzunehmen. Von März bis Oktober bietet die *Grüne Schule* der Universität jeden Sonntag eine Familienführung zu Themen wie Dino-Pflanzen oder Kräuter und Gewürze an. In diesen Monaten sind auch Rundgänge für Erwachsene an Wochenenden und mittwochs im Programm. Dabei wird der Bambushain besucht oder man lernt mehr über Orchideen und Ginkgo-Bäume von Fachleuten der Universität.

Einmal im Jahr im Frühling findet die beliebte Raritätenbörse im Botanischen Garten statt. Pflanzenexperten und Händler reisen aus ganz Österreich an, um ihre Schätze zu verkaufen. Von Bio-Gemüsepflanzen bis zu ausgefallenen Orchideenarten und exotischen Baumarten gibt es hier nahezu alles. Beim Kauf von neuen Bäumen, Blumen und Kräutern erhält man obendrein meist eine gute Portion Fachwissen zur Pflege der Zöglinge.

Der Garten hat mit Ausnahme vom 24. Dezember bis 6. Jänner das ganze Jahr über geöffnet.

Mit der Straßenbahnlinie 71, dem O-Wagen oder der S-Bahn bis zur Station Rennweg.

22

Neben dem **Karlsplatz** befindet sich das Restaurant
Heuer am Karlsplatz
Treitlstraße 3
A-1040 Wien
+43 (0)1 8900590
www.heuer-
amkarlsplatz.com

**Weihnachtsmarkt Art
Advent**
(November–Dezember)
Vorplatz der Karlskirche
A-1040 Wien
+43 (0)664 4457738
www.divinaart.at

TREFFPUNKT FÜR KULTUR
Karlsplatz

Der Karlsplatz ist wohl einer der prächtigsten und gleichzeitig geselligsten Plätze Wiens. Dass hier bis ans Ende des 19. Jahrhunderts nur eine Brücke über den Wienfluss führte, kann sich heute kaum noch jemand vorstellen. Namensgeber für den Platz sowie die dort beheimatete Kirche ist Kaiser Karl VI., der Vater von Maria Theresia. Er hatte die Karlskirche bereits zu Beginn des 18. Jahrhunderts zur Erinnerung an die Pest und deren Opfer erbauen lassen. Da der Wienfluss regelmäßig zu Überschwemmungen führte, musste er reguliert werden. Schließlich wurde unter Kaiser Franz Joseph I. eine komplette Verbauung des Areals angeordnet. Der Fluss fließt mittlerweile noch unterirdisch.

Heute stehen wichtige Gebäude wie das *Wien Museum*, die Technische Universität, die Secession, das Künstlerhaus und der Wiener Musikverein am Karlsplatz. Aber vor allem die Veranstaltungen, die hier jährlich stattfinden, locken Jung und Alt auf das große Areal. So kann man etwa von Mitte November bis Weihnachten über einen der schönsten Adventmärkte Wiens schlendern. Ausgewähltes Kunsthandwerk und ausschließlich Bio-Gastronomie werden neben Konzerten geboten. Im Sommer lädt regelmäßig das *Popfest* am Karlsplatz und in den umliegenden Gebäuden ein, das österreichischen Künstlern eine Plattform bietet. Außerdem ist das *Kino unter Sternen* im Sommer wohl eines der romantischsten Freiluftkinos.

Aber auch ohne Event ist der Besuch des Karlsplatzes ein schönes Erlebnis. Ab Mittag ist der Platz vor allem in der warmen Jahreszeit immer gut besucht. Vor der Karlskirche am ovalen Teich wird das Mittagessen ausgepackt, Kaffee getrunken oder auch mal eine Flasche Wein aufgemacht. Bis in den Abend hinein ist es immer gesellig.

Nachhaltige regionale Küche gibt es im *Restaurant Heuer,* nur ein paar Schritte vom Karlsplatz entfernt.

Erreichbar mit der U1, U2 und U4, sowie mit den Straßenbahnlinien 1 und 62 und dem Bus 4A. Haltestelle: Karlsplatz.

23

Swing Kitchen
Operngasse 24
A-1040 Wien
www.swingkitchen.com

DIE BESTEN VEGANEN BURGER
Restaurant *Swing Kitchen*

Es mag seltsam klingen, eine Fast-Food-Kette als seinen persönlichen, grünen Lieblingsplatz zu benennen. Aber die *Swing Kitchen* hat sich als eine Institution für die vegane Bequemlichkeit etabliert, sodass ich sie niemandem vorenthalten möchte.

Irene und Charly Schillinger haben die schnelle Küche neu erfunden, und zwar komplett ohne Tierleid. Auf den ersten Blick unterscheidet sich das Restaurant eigentlich kaum von einem herkömmlichen Fast-Food-Lokal. Natürlich ist die *Swing Kitchen* wesentlich hipper eingerichtet und auch das Personal scheint, als hätte es mehr Freude an seiner Arbeit als in einem herkömmlichen Selbstbedienungsrestaurant. Cheeseburger, Nuggets und dazu Zitronen-Mayo – würde nicht das Wort »vegan« danebenstehen, könnte nur schwer erahnt werden, dass es sich dabei um pflanzliche Alternativen handelt. Spätestens seit der Gründung der ersten Filiale 2015 in der Schottenfeldgasse müssen Veganer auf nichts mehr verzichten. Die pflanzlichen Burger und Wraps machen aber garantiert auch leidenschaftliche Fleischesser glücklich.

Hinter dem Selbstbedienungstresen, neben den Menü-Vorschlägen, läuft eine Zählmaschine. Sie gibt an, wieviel Wasser, Getreide, Kohlenstoffdioxid und Anbaufläche gespart werden, wenn wir Soja- statt Rindfleisch-Burger essen. Die Qualität ist nicht mit einem herkömmlichen Fast-Food-Snack zu vergleichen. In der *Swing Kitchen* werden nur gentechnikfreie Produkte, bevorzugt fair gehandelt, regional und biozertifiziert, verwendet. Gegen den Komfort von Einwegprodukten kann sich auch die *Swing Kitchen* nicht gänzlich wehren. Statt herkömmliches Plastik aus Erdöl zu verwenden, wird auf Plastik aus nachwachsenden Ressourcen gesetzt. Das kann jedoch komplett vermieden werden, wenn auf die Getränkebestellung und Saucen verzichtet wird.

Es gibt weitere fünf *Swing Kitchen*-Filialen in Wien.

Mit dem Bus 59A bis zur Station Bärenmühldurchgang oder mit der Straßenbahnlinie 1 oder 62 bis zur Resselgasse.

24

Gabarage
Schleifmühlgasse 6
A-1040 Wien
+43 (0)1 5857632
www.gabarage.at

EINE ZWEITE CHANCE FÜR ALLE(S)
Gabarage – Upcycling Design

Blumenübertöpfe aus kaputten Fußbällen, Taschen aus alten LKW-Planen, Schmuck aus ungeliebten Brillen oder Ketten aus ausrangierten Tennisschlägersaiten: Der Kreativität sind bei *Gabarage* keine Grenzen gesetzt. Die stylishen, umweltfreundlichen Designerstücke werden in Wien handgefertigt und im liebevoll eingerichteten Store in der Schleifmühlgasse verkauft.

Die Idee entstand im Jahr 2002. Mit der Gründung des sozio-ökologischen Vereins sollte Menschen mit Suchtproblemen die Möglichkeit gegeben werden, in der Arbeitswelt Fuß zu fassen. Heute bietet *Gabarage* Arbeitsplätze für Personen, die aus verschiedensten Gründen Schwierigkeiten haben, (wieder) ins Berufsleben zu starten. Mit handwerklichen und kaufmännischen Ausbildungen sowie beruflichen Weiterbildungen trägt *Gabarage* einen wichtigen Beitrag zur Dezimierung von Arbeitslosigkeit bei.

Eine zweite Chance sollten aber nicht nur Menschen, sondern auch Materialien bekommen. Textilien, Altpapier oder Kunststoffprodukte, die sonst im Müll gelandet wären, erhalten bei *Gabarage* eine neue Funktion. Upcycling nennt sich das Konzept, dem sich der gemeinnützige Verein voll und ganz verschrieben hat. Die Materialien inspirieren die Designer der Werkstatt, stilvolle und ausgefallene Kunstwerke herzustellen. In sorgsamer Handarbeit wird Ware höchster Qualität angefertigt und somit die Lebenszeit der Rohstoffe verlängert. Dabei macht der Betrieb subtil auf das Problem unserer Wegwerfgesellschaft aufmerksam.

Der geräumige, helle Laden birgt so einige Schätze. Egal ob Schmuck, Kleidung, Taschen oder Möbelstücke, das Sortiment zaubert ein Lächeln ins Gesicht und die Einzelstücke peppen jede Wohnung oder jedes Outfit auf. Wer auf der Suche nach einem passenden Souvenir ist, wird hier garantiert fündig.

Vor Weihnachten locken Christbaumschmuck und allerlei Geschenkideen in den Shop.

Mit der Straßenbahnlinie 1 oder 62 bis zur Haltestelle Paulanergasse.

25

carla
Mittersteig 10
A-1050 Wien
+43 (0)1 5059637
www.carla-wien.at

SCHNÄPPCHEN JAGEN UND GUTES TUN
Altwarenladen *carla*

Egal ob Vintage-Möbel, Second-Hand-Kleider, günstiges Geschirr oder reparierte Elektronik: In den großen Hallen am Mittersteig wird man garantiert fündig und unterstützt gleichzeitig ein wertvolles soziales Projekt.

Die Caritas, die wir bereits von *magdas Hotel* kennen, ist auch die soziale Organisation hinter *carla*. Der Altwarenladen ist nicht nur Anlaufpunkt für Bedürftige, sondern heißt genauso Antiquitätensammler und Schnäppchenjäger herzlich willkommen. Die Ware, die verkauft wird, besteht hauptsächlich aus Spenden und wird von eigenen Handwerkern, Technikern und Lehrlingen sprichwörtlich wieder aufgemöbelt. Außerdem bietet *carla* den Menschen, die Schwierigkeiten haben, in der Arbeitswelt Fuß zu fassen, eine Beschäftigung. Personen mit geringen Einkommen haben gleichzeitig die Möglichkeit, mit Hilfe der *carla Card* noch günstiger einzukaufen. In Notsituationen werden Kleider auch gratis ausgegeben.

Der ökologische Aspekt ist bei *carla* ein besonders wichtiger. Um Ressourcen zu sparen, Müllverbrennungsanlagen zu entlasten und somit den Ausstoß von Kohlenstoffdioxid zu reduzieren, soll hier ein Warenkreislauf geschaffen werden. Die Reparatur von beispielsweise alten Möbeln oder Fernsehern ist genauso wichtig wie die Wiederverwendung von altem Geschirr, Spielsachen und Kleidung. Denn für alle Produkte, die schon am Markt sind, wurden wertvolle Ressourcen verbraucht, die natürlich nicht einfach so im Müll landen sollen.

Es ist wahrlich ein Genuss, durch die Hallen zu flanieren, Sofas auszutesten, hübsche Gläser zu suchen, Schuhe und Kleider anzuprobieren oder einfach nur skurrile Dinge zu beäugeln. Das überaus freundliche Personal berät gerne und hilft auch eine Transportmöglichkeit zu finden, wenn das erworbene Teil nicht die Handtasche passt.

Eine weitere große *carla*-Filiale gibt es in Floridsdorf.

Mit der Straßenbahnlinie 1 oder 62 bis Johann-Strauß-Gasse. Oder mit dem Bus 13A bis zur Leibenfrostgasse.

26

Wiener Bezirksimkerei
Arbeitergasse 6/1
A-1050 Wien
+43 (0)677 62839486
www.wiener-
bezirksimkerei.at

DIE SUMMENDEN UMWELTSCHÜTZER
Wiener Bezirksimkerei

Honigproduktion verbinden wir mit saftigen bunten Blumenwiesen, Landleben und Bergluft. Dass sich aber ausgerechnet in Wien eine Bio-Imkerei gegen Artensterben und für den Erhalt von Bienen einsetzt, ist gar nicht so ungewöhnlich.

In dem kleinen Laden in der Wiener Bezirksimkerei im fünften Wiener Gemeindebezirk läuft alles zusammen. Mehr als 12,5 Millionen schwarz-gelb gestreifte Arbeiterinnen sind täglich für die Herstellung von Honig in allen Wiener Bezirken verantwortlich. Alles nach strengen Bio-Kriterien. Statt Styropor wird für die Bienenstöcke Holz verwendet, das Wachs ist Bio-zertifiziert, genauso die Futtermittel. Außerdem gibt es doch keinen besseren Platz für die Imkerei als die Stadt Wien, die 2020 als »grünste Stadt der Welt« ausgezeichnet wurde. In den vielen Parks und Wäldern gibt es praktisch keine Pestizide und gerade deswegen können wir hier von natürlichem Qualitätshonig sprechen. 45 Bienenstöcke der Bezirksimkerei sind in ganz Wien verteilt, in jedem Bezirk gibt es mindestens vier davon, egal ob in Parks, auf Hoteldächern oder in Weingärten. So wird für alle Stadtteile ein eigener Honig kreiert, der geschmacklich von zitronig über blumig bis Menthol reicht. Auch Wachs und Pollen fallen als Nebenprodukt an und können im Laden in der Arbeitergasse gekauft werden.

Die Wiener Bezirksimkerei ist aber mehr als nur eine Honig-Manufaktur. Aufklärungsarbeit und Artenschutz sind neben der Erzeugung und dem Vertrieb die Hauptaufgaben des Teams. Die Imkerei bietet deshalb Führungen zu den Bienenstöcken an, bei denen man alles rund um die Wiener Bienen erfährt. Auf der Website werden die Termine rechtzeitig bekannt gegeben. Wer Lust auf mehr hat, kann auch einen mehrmonatigen Workshop buchen, um sich mit der Praxis des Imkerns vertraut zu machen.

Der Honig steht im Onlineshop zum Verkauf oder vor Ort – bitte vorher anrufen.

Mit dem Bus 12A, 14A oder 59A bis zur Reinprechtsdorfer Straße/ Arbeitergasse oder mit der U4 bis Pilgramgasse.

27

Ausnahmsweise
Hofmühlgasse 18/5
A-1060 Wien
+43 (0)681 10591872
www.ausnahmsweise.at

SCHLEMMEN OHNE KOMPROMISSE
Café Ausnahmsweise

Was man in Wien wirklich gut machen kann: nachmittags bei Kaffee und Kuchen verweilen. Egal ob alleine, mit Partner oder dem besten Freund, im Kaffeehaus können schon mal ein paar Stunden vergehen, bis man sich wieder auf seine eigentlichen Vorhaben zurückbesinnt. Das kleine Café *Ausnahmsweise* in der Hofmühlgasse lockt mit einem gemütlichen Wohnzimmer-Feeling und einem kleinen Schanigarten, um genau diesem Kaffee und Kuchen zu verfallen – aber mit einer Besonderheit.

Die Zuckerbäckerin Raphaela kreiert keine gewöhnlichen Mehlspeisen. Egal ob Karottenkuchen, Brownie oder Sachertorte, sie sind alle glutenfrei und vegan. Auch auf andere Lebensmittelunverträglichkeiten wird hier Rücksicht genommen. So finden sich etwa Soja-, Weizen- und zuckerfreie Kreationen an der Theke. Außerdem ändert sich die Auswahl der Mehlspeisen von Saison zu Saison gerne mal. Grund für diese außergewöhnlichen Leckereien war Raphaelas eigene Unverträglichkeit und gleichzeitig ihre Leidenschaft fürs Backen. Heute kann sie zwar wieder alles essen, aber das Konzept ist geblieben. Nachdem sie auf der Uni bereits Medientechnik sowie Bio- und Umweltressourcen-Management studiert hat, wollte sie doch einen anderen Weg einschlagen und hat sich ganz ihren süßen Kreationen hingegeben. Der Plan ging auf. Neben veganem Kuchen gibt's fair gehandelten Kaffee, Trinkschokolade von *Zotter* und Bio-Tee von *Sonnentor*. Keine Sorge, selbst für das Mittagessen ist gesorgt. Jeden Tag stehen zwei verschiedene Mittagsgerichte auf der Karte, jede Woche ändert sich das Angebot.

Ganze Torten, Kuchen oder Muffins gibt es außerdem auf Vorbestellung. Oder man stellt sich seine Auswahl aus verschieden Stücken vor Ort selbst zusammen. Da werden bei der nächsten Geburtstagsfeier garantiert auch alle, die nicht auf Gluten oder tierische Produkte verzichten, glücklich.

Die Avocado-Limetten-Tarte ist ein Traum, unbedingt probieren!

Mit der U4 bis zur Pilgramgasse oder mit dem Bus 13A, 14A oder 57A bis zur Esterházygasse.

28

Lieber Ohne
Otto-Bauer-Gasse 10
A-1060 Wien
+43 (0)1 3750064
www.lieberohne.at

Zero Waste Austria
Boschstraße 54
A-1190 Wien
+43 (0)670 5505292
www.zerowasteaustria.at

KEIN MÜLL ERLAUBT
Unverpacktladen *Lieber Ohne*

Unweit von dem Konsum-Hotspot Mariahilfer Straße liegt ein kleiner Laden, der zeigt, dass es auch anders geht. Im *Lieber Ohne* werden Lösungen für Lebensmittelverschwendung gefunden, Regionalität und Saisonalität großgeschrieben, verpackungsfreie Produkte angeboten und Transparenz gewährt.

Der Großteil des Sortiments ist biozertifiziert. Eine Chance bekommen aber auch Produkte, die gerade im Übergang von konventionell auf ökologisch sind. Diese werden gesondert gekennzeichnet. Hier und da gibt es herkömmliche Ware, die dafür verpackungsfrei daherkommt, wie etwa Chiasamen aus dem Iran. Bio-Fleisch aus der Region wird ebenfalls vertrieben, obwohl das auf den ersten Blick nicht ersichtlich ist. Denn das Fleisch wird zweimal die Woche nur nach Vorbestellung geliefert, damit garantiert nichts weggeworfen werden muss. Neben einer riesigen Auswahl an verschiedenen Lebensmitteln, Haushalts- und Hygieneartikeln kann hier ebenso zu Mittag gegessen werden. Obst und Gemüse, das im Laden nicht verkauft werden konnte, wird kurzerhand zu köstlichen Suppen oder Eintöpfen verarbeitet – statt im Müll landen die wertvollen Lebensmittel also im Magen. Wer keine Zeit hat und lieber zu Hause oder in der Arbeit essen möchte, kann sich die Speisen zum Mitnehmen im Glas holen. Aber die Ausrede »keine Zeit« zählt eigentlich nicht, denn spätestens nach dem Blick in die Vitrine mit all den großartigen Mehlspeisen ist man gewillt, sich ins kleine Bistro zu setzen. Dazu einen einmaligen Bio-Kaffee von der *Kaffee Fabrik* und einfach den Moment genießen.

Einkaufen geht ganz einfach: Box, Glas, Dose oder Sackerl selbst mitbringen, bei der Kassa abwiegen lassen und schließlich befüllen. Anschließend wird nach Gewicht der jeweiligen Ware bezahlt.

Bei der Grätzltour vom Verein *Zero Waste Austria* lernen Sie verschiedene nachhaltige Unternehmen und Lokale der unterschiedlichen Bezirke kennen. *Lieber Ohne* ist einer der zahlreichen Fixpunkte der Führung im sechsten Bezirk.

Mit der U3 bis Zieglergasse. Alternativ mit dem Bus 13A, 14A oder 57A bis zur Esterházygasse.

29

Superfood Deli
Mariahilfer Straße 45
A-1060 Wien
+43 (0)676 5952924
www.superfooddeli.at

IPANEMA IM INNENHOF
Superfood Deli

Um der Hektik und dem Lärm der Einkaufsstraße zu entfliehen, zieht man sich am besten in einen der Innenhöfe rund um die Mariahilfer Straße zurück. Da wäre zum Beispiel der Raimund-Hof, dessen Erbauung auf das 18. Jahrhundert zurückgeht. Im barocken Innenhof kann herrlich entspannt werden. Neben einigen kleinen Geschäften gibt es auch eine Saft-Bar, ein Café und das Superfood Deli, das vielmehr an eine Strandbar erinnert, als an ein Lokal in der Wiener Innenstadt.

Die Urlaubsatmosphäre kommt nicht von ungefähr, schließlich werden hier exotische Nachspeisen, Frühstücks- und Lunchbowls verkauft. Konkret orientieren sich die beiden Geschäftsführer Filip und Peter an der brasilianischen, hawaiianischen und balinesischen Küche. Begonnen hat aber alles mit der Açaí-Bowl, dessen Rezept es direkt von der brasilianischen Familie nach Wien geschafft hat. Die violette Bio-Beere kommt von Kleinbauern aus dem Amazonasgebiet und mit der erhöhten Nachfrage im Ausland erhoffen sich die Einheimischen den Schutz des Regenwaldes vor Abholzungen. Generell möchten die beiden Geschäftspartner nicht nur gesunde Bowls verkaufen, sondern viel mehr zu einer besseren Welt beitragen. So umweltfreundlich wie nur möglich, ist ihr Motto und dabei schmecken die rein pflanzlichen Gerichte mit hochwertigen Bio-Superfoods nicht nur gut, sondern sind außerdem gesund. Die frisch zubereiteten Speisen kommen ohne Stabilisatoren, Zusatz- oder Farbstoffe aus.

Wer seine Mahlzeit gerne mitnehmen möchte, bekommt es in plastikfreier, biologisch abbaubarer Verpackung. Am gemütlichsten ist es aber, im Raimund-Hof Platz zu nehmen und im Liegestuhl zu verweilen. Aber auch drinnen neben der Bar ist es nett und man kann am Fenster Passanten beobachten.

Mittlerweile gibt es vier weitere Superfood-Deli-Filialen in Wien.

Zum Superfood Deli bringt Sie die U3 oder der Bus 13A. Von der Haltestelle Neubaugasse ist es nur noch ein fünfminütiger Fußweg.

30

Flohmarkt beim Naschmarkt
(jeden Samstag)
Linke Wienzeile/
Kettenbrücke
A-1060 Wien
+43 (0)1 4000 05448
(Marktamt)
www.wien.gv.at

WIENER NOSTALGIE ZUM FEILSCHEN
Flohmarkt am Naschmarkt

Als gebürtige Steirerin kam ich in meiner Kindheit nur selten nach Wien, aber wenn, dann packten wir am Samstag noch vor Sonnenaufgang unsere sieben Sachen, um spätestens um acht Uhr früh am Naschmarkt anzukommen. Als leidenschaftlicher Antiquitäten-Sammler lehrte mich mein Vater schon als Kind, auf was es bei einem Flohmarkt ankommt und wie man richtig verhandelt. Wo andere Familien in den Zoo oder ins Schwimmbad gingen, waren wir auf dem Flohmarkt. Die Kombination aus Müdigkeit und Kälte habe ich noch heute genau in Erinnerung, dennoch gab es nie Beschwerden, im Gegenteil, es war immer ein erfolgreicher Familienausflug.

Der Flohmarkt am Naschmarkt zieht sich über mehrere Reihen von der U-Bahnstation Kettenbrückengasse fast bis zur Pilgramgasse, also der linken und rechten Wienzeile entlang. Hier treffen fast 400 Händler und Privatpersonen aufeinander, die Antiquitäten, Ramsch, Kleidung und skurrile Dinge verkaufen. An sonnigen Tagen ist es gar nicht so einfach, sich durch die Reihen zu bewegen, da nicht nur Wiener, sondern auch viele Touristen den Flohmarkt als Ausflugsziel nutzen. Die Ware lässt einen in längst vergangenen Zeiten schwelgen. Möbel, Bilder und Haushaltsgegenstände bringen das Wien aus der Kaiserzeit oder der Ersten Republik zurück. Die Händler sind so geübt im Verkauf, dass beim Handeln besondere Resistenz nötig ist. Da es so viele Einkäufer gibt, lassen sich nur selten Schnäppchen machen, in den meisten Fällen wissen die Händler um den Wert ihrer Ware ganz genau Bescheid.

Für mich ist und bleibt der Flohmarkt am Naschmarkt einer meiner grünen Lieblingsplätze, denn es gibt nichts Ökologischeres, als Produkte aus zweiter Hand zu kaufen. Wenn keine neuen Ressourcen aufgewendet werden müssen, dann ist das die optimale Lösung für einen nachhaltigen Einkauf.

Stöbern Sie unbedingt durch die Kisten und inspizieren Sie auch die Decken, die am Boden liegen. Denn die wahren Schätze sind bekanntlich nicht für alle sichtbar.

Mit der U4 bis zur Kettenbrückengasse.

Honig-
Marzipan

Zimt
mit
Ho

100g
€ 6,80

Zimt
Peeling
Diese sinnlich duft...
attraktive Färb...
Die beigemischten...
und peelen die Haut...
Zimtöl stark w...
Der besonders...
aphrodisieren...
Körperseife

Alles Seife

31

Alles Seife
Am Naschmarkt, Stand
Nummer 54
A-1060 Wien
+43 (0)664 9159910
www.allesseife.at

VERFÜHRERISCHE DÜFTE
Naschmarktstand *Alles Seife*

Der Wiener Naschmarkt ist einer der bekanntesten und beliebtesten Märkte Wiens, seine Entstehung geht bereits auf das Ende des 18. Jahrhunderts zurück. Die Herkunft des Namens wird bis heute diskutiert. Zum einen wurde er zu Beginn oft als »Aschenmarkt« bezeichnet, was auf die Aschendeponie am gleichen Ort zurückzuführen war. Oder auf die Esche-Fässer, damit waren die Behältnisse gemeint, in denen Milch transportiert wurde. Dennoch etablierte sich vor ungefähr 200 Jahren der Name Naschmarkt. Das passt natürlich bei diesem Markt wie die Faust aufs Auge: Vom Karlsplatz bis zur Kettenbrückengasse kann man an beinahe jedem Stand exotische und kandierte Früchte naschen.

Eher weniger zum Naschen bieten sich die Produkte von *Alles Seife* an, dafür fügen sie sich perfekt in die exotischen Gerüche der restlichen 109 Standeln ein. Unter strengen Kriterien widmen sich Claudia Schneider und Peter Piffl seit 2002 der Herstellung von Naturseifen, garantiert vegan und biozertifiziert. Die Sorten sind vielfältig und beinhalten etwa Almkräuter, Bergkristallsalz, Aloe vera, Algen oder Aktivkohle. Für fettige oder trockene Haut geeignet, für Haare, Körper oder einfach für die Hände. Zum Verschenken oder für einen selbst. Aber auch Badekugeln und Körperbutter können in liebevollen Formen erstanden werden. Für jeden ist etwas dabei. Die herzliche Beratung der Mitarbeiter hilft, die richtige Seife zu finden.

Zwar kann man die Seifen nicht naschen, aber mit dem Namen des Marktes haben die Seifen doch etwas gemein. Immerhin gehen die ersten Seifenrezepte auf eine Mischung aus Ölen oder Fetten mit Pflanzen- oder Holzasche zurück. Die Asche aus dem Depot, das sich vor der Zeit des Marktes am gleichen Platz befand, hat man gewiss auch für die Herstellung von Seifen genutzt. Und so ist der Name Aschemarkt mehr als passend für den Standort des kleinen Seifenladens.

Meine Favoriten: Hopfen und Malz fürs Haar und Ringelblume für den Körper.

Die U1, U2 oder U4 bringt Sie bis zur Station Karlsplatz. Von hier aus ist der Naschmarkt nur ein paar Schritte entfernt.

32

Grüne Erde
Mariahilfer Straße 11
A-1060 Wien
+43 (0)7615 203411
www.grueneerde.com

Grüne ♣ Erd

FAIR UND ÖKOLOGISCH WOHNEN
Grüne Erde-Shop

Einer der wenigen nachhaltigen Shops in der Mariahilfer Straße ist die *Grüne Erde*. Das Oberösterreichische Unternehmen hat seine Wurzeln in der 68er-Ideologie und entstand aus der grünen, alternativen Bewegung. Ein Konzept für ökologisches und soziales Wirtschaften war während der Gründung der *Grünen Erde* in den 1980er-Jahren noch undenkbar. Das langsame Wachstum hat sich aber bezahlt gemacht, heute gilt die *Grüne Erde* als Pionier in ihrem Gebiet. Neben dem ursprünglichen Sortiment aus Heimtextilien und Möbeln werden seit Anfang 2000 auch fair produzierte Bio-Kleider und Naturkosmetik eigens hergestellt und verkauft.

90 Prozent der Textilien sind biozertifiziert, es wird ausschließlich Holz aus nachhaltig bewirtschafteten Wäldern aus Europa verarbeitet und dazu 100 Prozent Ökostrom verwendet. Bei der Produktion wird ein besonderes Augenmerk auf Langlebigkeit und Qualität gelegt, außerdem wird im Betrieb Ressourcenschonung und Abfallverwertung gelebt.

Im *Grüne Erde*-Store auf der Mariahilfer Straße fühlt man sich sofort wohl. Der angenehme Duft von Holz und ätherischen Ölen verströmt sofort eine positive Energie. Zum Einkaufserlebnis gehört kompetente und freundliche Beratung dazu.

Die Mariahilfer Straße war bereits im 19. Jahrhundert eine der wichtigsten Einkaufsstraßen Wiens und gleichzeitig eine der ersten Wege, die vollends gepflastert und beleuchtet wurde. Grund dafür: Sie war die schnellste Verbindung zwischen Hofburg und Schönbrunn und wurde daher vom Kaiser oft frequentiert. Die auch heute beliebte Einkaufsdestination wurde 2015 im Rahmen eines neuen fußgängerfreundlichen Projekts umgestaltet. Die Mischung aus Begegnungs- und Fußgängerzone hat den Verkehr und den Lärm dadurch erheblich reduziert.

Im Onlineshop können die Produkte auch außerhalb Wiens gekauft werden.

Fahren Sie mit der U2 oder dem Bus 57A bis zur Station Museumsquartier, von hier aus erreichen Sie die *Grüne Erde* in wenigen Schritten.

33

MuseumsQuartier
Museumsplatz 1
A-1070 Wien
+43 (0)1 5235881
www.mqw.at

BIOSK
Museumsplatz 1
Fürstenhof
A-1070 Wien

 # EIN HOF FÜR KUNST UND KULTUR
MuseumsQuartier

Die ehemaligen kaiserlichen Hofstallungen aus dem 18. Jahrhundert sind heute Treffpunkt für Kunst- und Kulturliebhabende aus aller Welt. Das *MuseumsQuartier* (MQ) beinhaltet mehrere Museen, Galerien, Ateliers, Büros, Theater, Shops, Cafés und Restaurants. Bei Kunstinteressierten sind vor allem das Leopoldmuseum, das Museum Moderner Kunst (mumok) und die Kunsthalle beliebt.

Betritt man das MQ durch den Haupteingang am Museumsplatz, fühlt man sich plötzlich in eine andere Welt versetzt. Die klassizistische, ehemalige Winterreitschule und heutige *Halle E+G* versetzt einen in die Zeit der Monarchie zurück. Daneben sticht das kubische Gebäude des *mumok* hervor, das 2001 aus Vulkangestein erbaut wurde. In den warmen Monaten poppen im Hof 1 Kioske auf, bei denen man Erfrischungen besorgen kann. Ohne etwas kaufen zu müssen, kann man auf den vielen *Enzis* verweilen, die seit 2002 wie die Kunstgemälde zu dem MQ gehören. *Enzis* sind eigens angefertigte Kunststoffmöbel, die Farbe in die sonst so grauen Innenhöfe bringen sollen. Viele der Restaurants und Shops im MQ legen Wert auf nachhaltige Produkte und unterstützen regionale Betriebe. Auch ohne Besuch eines Museums kann der Nachmittag gut im Innenhof auf einem *Enzi* oder in einem der Restaurants oder Cafés verbracht werden.

Abseits des Getümmels im Hof 2 findet das Familien-Kultur-Programm statt. Das Kindermuseum Zoom bietet in ständig wechselnden Ausstellungen und Workshops Kindern ein interaktives Programm rund um verschiedene Wissenschaften an. Direkt daneben lockt der *Dschungel Wien* Kinder und Jugendliche, in die Theaterwelt einzutauchen. Erfrischungen und Snacks gibt es bei *BIOSK*. Hier wird besonders viel Wert auf Bio-Produkte gelegt, auch vegane Mehlspeisen und Eis sind bei den Besuchern beliebt.

Auf dem Dach vom Leopoldmuseum ist die öffentlich zugängliche Terrasse mit herrlichem Ausblick über Wien.

Erreichbar mit der U2, Ausstieg bei der Station *MuseumsQuartier*.

34

**TIAN Bistro
am Spittelberg**
Schrankgasse 4
A-1070 Wien
+43 (0)1 5269491
www.tian-bistro.com

DER GARTEN AM TELLER

TIAN Bistro am Spittelberg

Das TIAN Bistro am Spittelberg ist eines der wenigen gehobenen vegetarischen Restaurants Wiens und der Beweis dafür, dass fleischlose Küche mehr als nur Fleischersatz und Gemüselaibchen kann. Der Küchenchef Paul Ivic, der bereits einen Michelin Stern für seine vegetarische Küche erhalten hat, passt die Speisekarte an saisonal verfügbare Gemüse- und Obstsorten an. So erhalten die Gäste jeden Monat eine andere köstliche Speise auf den Tisch. Neben der Saisonalität wird vor allem auf die Regionalität viel Wert gelegt, die meisten Zutaten bezieht die Bistroküche aus der Umgebung Wiens. Bio-Zertifikate und Erzeugnisse aus fairem Handel sind dabei immer die erste Wahl. Egal ob zum ausgiebigen Frühstück am Wochenende, zum schnellen Lunch in der Mittagspause oder für ein romantisches Abendessen zu zweit, das Bistro lässt keine Wünsche offen. Mehr als die Hälfte der Speisekarte ist außerdem rein pflanzlich und kommt ohne tierische Produkte aus. Als Vorspeise lohnt sich beispielsweise die Hummus-Variation mit *Öfferl*-Brot.

Gespeist wird entweder im Sommer draußen in der gemütlichen Schrankgasse, wo das Flair irgendwie an einen Italienurlaub erinnert, oder, wenn es nicht ganz so warm ist, im neu renovierten Wintergarten, mit hohem Glasdach, sodass man auch hier das Sonnenlicht genießen kann.

Das Grätzl Spittelberg ist eines der entzückendsten Ecken Wiens. Es hat zwar wenig mit einem Berg zu tun, sondern vielmehr mit dem Bürgerspital, das an diesem Ort bereits Mitte des 16. Jahrhunderts gegründet wurde. Die vielen Biedermeierhäuser und die kleinen Kopfsteinpflastergassen erzeugen einen dörflichen Charakter. In dieser Ecke befinden sich hippe Cafés und Shops neben traditionellen handwerklichen Betrieben. Ein Lokal sticht besonders hervor: das TIAN Bistro.

Bestellen Sie das Menü für zwei *Sharing Chef's Garden*, das extra nur für diesen einen Abend aus saisonalem Gemüse kreiert wurde.

Die Anfahrt ist mit der Straßenbahnlinie 49 bis zur Station Stiftgasse möglich.

35

Sonnentor
Neubaugasse 29
A-1070 Wien
+43 (0)1 5222170
www.sonnentor.com

NATUR VERPACKT IM TEEBEUTEL
Kräuterhandel *Sonnentor*

Im kleinen, geschmackvoll eingerichteten Laden von *Sonnentor* sind der Gemütlichkeit keine Grenzen gesetzt. Wer den Betrieb nicht kennt, sollte wissen: Hier handelt es sich um eine Waldviertler Institution. Gründer Johannes Gutmann hat sich in den 1980er-Jahren die Idee einer Bio-Kräuter-Landwirtschaft nicht nehmen lassen und ist zu einem erfolgreichen Bio-Unternehmer geworden. *Sonnentor* vereint Bio-Landwirte im Waldviertel und auf der ganzen Welt. Dabei geht es in erster Linie um ein faires Miteinander und Transparenz.

Klassische Musik ertönt aus den Lautsprechern und begleitet uns beim Erkunden der Regale in der Neubaugasse. Es eröffnet sich eine Vielfalt an Kräutern, Tees und Kaffee. Der fair gehandelte Bio-Kaffee kann direkt an der Theke verkostet werden oder man setzt sich gemütlich mit Kaffee und Mehlspeise in die Sitzecke, liest Zeitung und genießt die Atmosphäre. Denn bei *Sonnentor* geht es nicht einfach um schnelles Einkaufen, der Kunde muss sich wohlfühlen. Neben Gewürzen und Kräutern finden wir auch saisonale Köstlichkeiten wie Erdbeeren, hochwertige Öle von der *Schalk Mühle* und Schokolade von *Zotter*. Egal ob zur Ausstattung der eigenen Kräuterküche, als Geschenk oder Souvenir – die Produkte von *Sonnentor* stehen für österreichische Bio-Erzeugnisse, die man zumindest einmal probiert haben sollte. Und sind wir mal ehrlich, danach will man ohnehin keine anderen Kräuter mehr verwenden.

Die Neubaugasse ist neben der Mariahilfer Straße eine der beliebtesten Einkaufsstraßen Wiens. Hier finden wir hippe Cafés, Restaurants für alle Geschmacksrichtungen und innovative Concept-Stores. Erst vor kurzem wurde die stark frequentierte Straße zur Begegnungszone umgebaut und lädt nun auch zum gemütlichen Flanieren ein.

Einmal im Jahr findet in der Neubaugasse ein großer Flohmarkt statt.

Mit der Straßenbahnlinie 49 bis zur Westbahnstraße/Neubaugasse oder mit der U3 bis zur Neubaugasse.

36

Reanimated Bikes
Westbahnstraße 35
A-1070 Wien
+43 (0)1 5224018
www.reanimated-
bikes.com

VOM MÜLL GERETTETE RÄDER

Fahrradladen *Reanimated Bikes*

Wer in Wien umweltfreundlich und schnell von A nach B kommen möchte, greift am besten aufs Fahrrad zurück. Wie praktisch, dass *Reanimated Bikes* in der Westbahnstraße nur zehn Minuten zu Fuß vom Westbahnhof entfernt ist. Ideal also für alle, die gerade erst in der Millionenmetropole angekommen sind.

Wien ist zwar nicht Amsterdam, aber der Ausbau an Fahrradwegen schreitet alle paar Monate voran. Auch wenn es noch ein paar problematische Verkehrsknotenpunkte gibt, ist die Hauptstadt am besten mit dem Fahrrad zu erkunden. Biker, die ungern in Kontakt mit Autos kommen möchten, sind auf der Donauinsel, am Ringradweg und am Donaukanal sicher unterwegs. Für alle anderen gibt es ein gut ausgebautes Fahrradwegenetz durch ganz Wien.

Lust bekommen? Jetzt fehlt nur noch das Fahrrad. Egal ob kaufen oder leihen, *Reanimated Bikes* ist hierfür die richtige Adresse. Ein Fahrrad an sich ist schon die umweltfreundlichste Art, mobil zu sein, wenn wir dann noch von Upcycling sprechen, haben wir nicht einmal neue Ressourcen für den Drahtesel aufwenden müssen – ergo ökologisch einwandfrei! Das Team von *Reanimated Bikes* hat sich nämlich dem Motto »Nicht wegwerfen – reparieren« verschrieben. Räder, die von der Wiener Abfallwirtschaft als Müll eingesammelt werden, bekommen in der Fahrradwerkstatt neues Leben eingehaucht. So werden beispielsweise Mountainbikes zu stylishen und effizienten Stadträdern. Sehr gefragt sind zudem im Shop die eigens konzipierten Fahrräder für Jugendliche.

Wer bereits ein Fortbewegungsmittel auf zwei Rädern zu Hause stehen hat, der kann es bei *Reanimaed Bikes* auch zum Service bringen, es reparicren lassen oder sogar einen Reparatur-Workshop buchen, um es schließlich selbst wieder auf Vordermann zu bringen.

Gutscheine für Fahrradfans können ebenso online erworben werden.

Die Anfahrt erfolgt mit der Straßenbahnlinie 5 oder 49 bis zur Station Westbahnstraße/Kaiserstraße.

37

DirtWater Café
Kandlgasse 35
A-1070 Wien
+43 (0)660 8078970
www.dirtwater.at

EINE NGO ZUM NIEDERSITZEN
DirtWater Café

Von außen wirkt das *DirtWater Café* wie ein normales hippes Lokal, in dem gemütlich gefrühstückt werden kann oder das abends auf ein Bier lockt. Normal ist an dem Café aber nur wenig. Trotz des eindeutigen Namens beharrt Inhaber Lars Wesener darauf: Wir sind kein Café, wir sind eine Hilfsorganisation.

Die Non-Profit-Organisation *DirtWater* setzt sich für den Zugang zu sauberem Wasser in Asien und Afrika ein. Ziel ist es, Trinkwasserbrunnen, Sanitäranlagen aber auch Informationen über die richtige Hygiene in Ländern mit hoher Armutsrate zur Verfügung zu stellen. Im Café wird dieses Engagement erst ersichtlich, wenn die Speisekarte gut studiert oder die Fotografien an den Wänden begutachtet werden. Aber auch ein kleiner Infotisch mitten im Lokal klärt über die Hilfsarbeit in Ländern wie Kambodscha auf. Lars war es mit der Erschaffung dieser Plattform wichtig, Leute zu erreichen, die sich sonst nicht mit der Thematik der Klimagerechtigkeit auseinandersetzen. Er möchte aufklären und gleichzeitig Spenden für die NGO einnehmen. Der Reingewinn des Cafés geht daher zu 100 Prozent an die Projekte in Entwicklungsländern.

Zu trinken und zu essen gibt es trotzdem. So gut es geht, werden alle Produkte, die im Laden verarbeitet werden, mit Bio-Siegel bezogen. Transparenz wird nicht nur bei der NGO großgeschrieben, sondern auch bei den Lebensmitteln. Fair gehandelter Kaffee und frischer Kuchen sind genauso beliebt wie die ausgewählten Säfte, Biere und Spirituosen am Abend, selbstverständlich alles ohne große Konzerne wie Coca-Cola zu unterstützen. Zu essen gibt es jeden Tag einen anderen Eintopf, Jackfruit-Burger und natürlich eine großartige Auswahl an verschiedenen Frühstücksgerichten. Um Lebensmittelverschwendung zu vermeiden, darf im Foodsharing-Kühlschrank jeder zugreifen, ohne zu zahlen.

Abends werden gerne Events veranstaltet, wie Comedy, Pub-Quiz oder Jam-Sessions.

Mit der Straßenbahnlinie 5 oder 49 bis zur Station Westbahnstraße/ Kaiserstraße.

38

Veganista
Neustiftgasse 23
A-1070 Wien
+43 (0)660 7506800
www.veganista.at

The LALA
Neustiftgasse 23
A-1070 Wien
www.the-lala.com

EIN VEGANER TRAUM
Eissalon *Veganista*

Die zwei Schwestern Susanna Paller und Cecilia Havmöller eröffneten 2012 in der Neustiftgasse ihren ersten Eissalon, und somit die erste rein vegane Eisdiele Wiens. Das Konzept ging auf, denn heute gibt es mehr als elf Shops in ganz Wien. Die Kundschaft besteht jedoch nicht nur aus Veganern, die Qualität des erfrischenden Desserts hat auch alle anderen begeistert. Es handelt sich hierbei nicht einfach um ein pflanzliches Produkt, sondern darüber hinaus um Eis aus rein natürlichen Inhaltsstoffen. Die verschiedenen Sorten kommen ohne künstliche Farbstoffe, Konservierungsstoffe, Aromen oder Geschmacksverstärker aus. Es werden weder Pulvermischungen noch Pasten für die Zubereitung genutzt, vielmehr werden täglich die überwiegend regionalen Bio-Zutaten frisch zu cremigem Eis verarbeitet. Milchalternativen werden aus Soja gewonnen, für Allergiker gibt es aber auch Produkte aus Hafer, Reis, Mandel und Kokos. Außerdem werden einige Variationen ohne raffinierten Zucker angeboten. Gesüßt werden diese etwa mit Agavendicksaft, Ahornsirup oder Birkenzucker.

Die Eissorten variieren täglich von Klassikern, wie Schokolade, bis hin zu extravaganten Kreationen, wie Maple Pecan oder Basilikum. Die Kugeln kommen entweder in normale vegane Waffeln, in glutenfreie Stanitzel oder biologisch abbaubare Becher. Außerdem gibt es neben dem normalen Kugel-Eis sogenannte *Inbetwiener*: eine große Kugel Eis, von zwei handgemachten Keksen umschlossen.

Die Neustiftgasse ist eine der ältesten Verkehrswege des siebten Wiener Gemeindebezirks. Bereits vor fast 1.000 Jahren hat die Straße den damaligen Vorort St. Ulrich mit der heutigen Inneren Stadt am Ottakringerbach entlang verbunden. Noch heute ist sie als Verkehrs- und Einkaufsstraße bedeutend für die Stadt.

Neben dem Eissalon *Veganista* befindet sich das vegane Bistro *The LALA*, das ebenso von den beiden Schwestern geführt wird.

Mit dem Bus 13A oder 48A bis Kellermanngasse.

39

Moby Dick – Bar & Eatery
Neustiftgasse 26
A-1070 Wien
+43 (0)1 9974279
www.mobydickvienna.at

COCKTAILS OHNE VIEL MÜLL
Moby Dick – Bar & Eatery

Erstmals können in Wien ganz ohne schlechtes Gewissen Cocktails getrunken werden. Das Konzept von *Moby Dick* ist innovativ, nachhaltig und setzt oberste Priorität bei Geschmack und Qualität der gemischten Getränke. Der Verzicht auf Einwegplastik in der kleinen Bar ist nur ein kleiner, sichtbarer Teil der gesamten, nachhaltigen Philosophie.

Der leidenschaftliche Gastronom Sammy Walfisch musste durch seine langjährige Erfahrung im Barbetrieb erkennen, wie viel Müll jeden Abend verursacht wird. Als junger Familienvater wollte er beruflich für sich einen sinnvolleren Weg einschlagen und Nachhaltigkeit in einem Bereich zum Thema machen, in dem bis dato nur wenig Auseinandersetzung damit stattfand. Das Lokal in der Neustiftgasse wurde baufällig übernommen und komplett saniert – nachhaltige Standards waren bereits bei der Planung wichtig. Somit wurde Dämmung und Lüftung mit Energierückgewinnung integriert, um den Stromverbrauch so gering wie möglich zu halten. Alkoholische Getränke wie Prosecco und Wein werden in Fässern geliefert und in der Bar abgezapft. Dasselbe gilt für das selbstproduzierte Ingwerbier und Tonic. Unter anderem durch den Verzicht von Einwegglasflaschen kann Sammy 70 Prozent Müll einsparen.

Bei der Kreation von Cocktails spielen zwar auch Früchte aus Übersee eine Rolle, generell wird mit den Ressourcen jedoch sparsam umgegangen. Während von der Limette der Saft direkt ins Glas kommt, wird die Zeste eingelegt und schließlich zu Bitter verarbeitet. Auch Graumohn wird als Sirup in Getränke gemischt, der ausgesiebte Mohn wird hingegen zu Chips verarbeitet. Neben 15 verschiedenen Cocktails kann zwischen fünf Speisen gewählt werden, eine davon ist immer vegan. Empfohlen wird *Chefs Choice,* drei Speisen mit den drei passenden Cocktails dazu.

Im Sommer findet zweimal die Woche ein Brunch mit fast ausschließlich vegetarischen Gerichten statt.

Nehmen Sie den Bus 13A oder 28A bis zur Kellermanngasse. Alternativ bringt Sie die U2 oder U3 bis zur Station Volkstheater.

40

holis market
Neubaugasse 88
A-1070 Wien
+43 (0)664 2129322

VERPACKUNGSFREI FÜR ALLE!
Zero-waste-Supermarkt *holis market*

An der Ecke Neubaugasse/Lerchenfelder Straße hat sich vor nicht allzu langer Zeit der *holis market* eingenistet. Dem einen oder der anderen mag der Name aber dennoch bekannt vorkommen, denn davor gab es dieses Konzept bereits in Linz. Nachdem der Laden dort in Konkurs ging, vermutlich waren die Oberösterreicher noch nicht bereit für ihren ersten verpackungsfreien Supermarkt, übernahm das Trio aus Vater, Tochter und Sohn die Geschäftsidee und brachte sie nach Wien.

Die Mission: Unverpackt soll zum Mainstream werden! Janna, Günther und Nico wollen den Lebensmittelhandel revolutionieren. Lebensmittel ohne Verpackung sollen bezahlbar sein, so orientieren sie sich an den Preisen der Bio-Produkte in herkömmlichen Supermärkten. Momentan gibt es eine Auswahl an 700 verschiedenen Artikeln, somit zählt der Laden auch zu den größten Unverpacktläden Wiens. 90 Prozent der Ware ist biozertifiziert, die restlichen zehn Prozent sind hauptsächlich Ware, die vom Familienbetrieb selbst hergestellt werden. In der Küche nebenan wird Gemüse mit Schönheitsfehlern verkocht oder welches, das sich im Moment nicht ganz so gut an den Mann oder die Frau bringen lässt. Auf diesem Weg will das Team der Lebensmittelverschwendung entgegenwirken. Die fertigen Malzeiten kann man direkt im Bistro vor Ort verköstigen oder in Gläsern konserviert im Laden erstehen. Selbst gemachte Marmelade, Sirup und Butterschmalz, eigens von Vater Günther kreiert, werden unter dem Namen *Lilies* angeboten.

Für einen Einkauf bei *holis* am besten das eigene Behältnis einpacken, vor Ort an der Waage abwiegen und mit wasserlöslichem Stift beschriften. Dann kann nach Lust und Laune befüllt werden. Wer keine eigene Box oder ein Sackerl dabei hat, kann vor Ort Gläser erwerben oder nimmt Papiertüten, die dort zur Verfügung stehen.

Bei *holis* kann auch ausgezeichnet gespeist werden, egal ob Mittagessen oder Kaffee und Kuchen.

Die Fahrt erfolgt mit der Straßenbahnlinie 46 oder dem Bus 13A bis zur Station Strozzigasse.

41

Wiener Würstelstand
Pfeilgasse 1
A-1080 Wien
www.neu.wienerwü.at

TRADITIONELLER BIO-IMBISS
Wiener Würstelstand

Das österreichische Pendant zur Imbissbude ist aus Wien nicht mehr wegzudenken. Egal ob für einen kurzen Happen zu Mittag, ein schnelles Abendessen am Weg oder der nächtliche Snack vor dem Heimgehen, wo immer noch »eines« getrunken wurde. Würstelstände sind neben Kebab-Buden in der Hauptstadt längst wichtige Institutionen, die garantiert immer günstig, schnell und zu jeder Tageszeit etwas Warmes zu essen servieren.

Der Wiener Würstelstand an der Ecke Strozzigasse/Pfeilgasse ist die erste und bisher einzige biozertifizierte Imbissbude der Stadt. Mit dem Abzeichen »Bronze« wird garantiert, dass mindestens 30 Prozent der dort verarbeiteten Produkte ökologisch erzeugt wurden. Außerdem wird Wert auf Regionalität und plastikfreies Fast Food gelegt. Getränke gibt es deshalb nur in Glaspfandflaschen. Die Speisekarte liest sich dennoch traditionell österreichisch. Käsekrainer, Frankfurter oder Bratwurst können wahlweise in Bioqualität bestellt werden. Transparenz ist aber auch bei den herkömmlichen Würsteln wichtig, daher wird hier immer der regionale Betrieb vermerkt, von dem die Lebensmittel kommen. Zu den Fleischgerichten gibt es Bio-Brot von *Gragger*, Gewürzgurken, Perlzwiebeln, eingelegte Pfefferoni und frisch zubereitete Wiener Rohscheiben, die Ähnlichkeit mit Kartoffelchips haben. Besonders beliebt ist die Bosna, vergleichbar mit einem Hotdog, aber wesentlich würziger. Hier kommen auch Veganer auf ihre Kosten, denn die Bosna gibt es außerdem mit einer Wurst aus regionalen Austernpilzen.

Der Wiener Würstelstand hat sich zu einem Treffpunkt in der Josefstadt etabliert. Egal ob für Nachtschwärmer, Studenten, Touristen oder Anrainer. Dabei wurde die Würstelkultur ins 21. Jahrhundert geholt, mit Bio-Produkten und einer pflanzlichen Alternative, die sich sehen lassen kann.

Im Sommer lädt eine große Sandkiste vor dem Würstelstand zum Bocciaspielen ein.

Die Straßenbahn 46 oder der Bus 13A bringt hungrige Mäuler bis zur Station Strozzigasse. Alternativ können Sie die Straßenbahn 2 bis zur Station Lederergasse nehmen.

42

Bio Markt Lange Gasse
(samstags)
Lange Gasse zwischen
Josefsgasse/Josefstädter
Straße
A-1080 Wien
+43 (0)699 10107493

SAMSTAG STEHT FÜR REGIONALITÄT
Bio Markt Lange Gasse

Seit 2014 verwandelt sich jeden Samstag die Lange Gasse zwischen der Josefstädter Straße und der Josefsgasse zu einem beliebten Gräzltreffpunkt und Feinschmeckerparadies. Der *Bio Markt* ist tatsächlich der erste Markt in der Josefstadt und war dringend nötig. Vom frischen Fisch bis zu regionalem Gemüse über Lammfleisch aus der Steiermark und Wiener Honig wird ausnahmslos alles in Bio-Qualität verkauft. Für ein gemütliches Gespräch mit den Marktstandlern ist stets Zeit und da wird schnell vergessen, dass man noch immer in einer Großstadt ist. Denn wo sonst kann man so direkt beim Produzenten seine Lebensmittel einkaufen?

Der *Bio Markt Lange Gasse* wäre aber nicht derselbe, wenn er sich nicht stets etwas Besonderes für seine Gäste einfallen lassen würde. Egal ob musikalische Begleitung in Form von einem Konzert oder einem extra Spielbereich für die kleinen Besucher – das Team hinter dem Markt sorgt für Abwechslung. In den angeschlossenen Gastronomiebetrieben kann man bei schönem Wetter draußen im Gastgarten Kaffee oder Weißen Spritzer trinken. Der Besuch des Marktes ist ein Erlebnis für sich.

Quer durch beinahe den ganzen achten Bezirk zieht sich die Lange Gasse, die nicht umsonst so heißt. Bereits 1700 wurde die Straße erstmals bebaut und bis heute können wir einige barocke Wohnhäuser entdecken. Durch die Nähe zur Universität und zum Rathaus ist der Bezirk nicht umsonst eine der teuersten Wohngegenden Wiens. Um es hier aber noch gemütlicher zu gestalten, wurde die Lange Gasse 2018 teilweise zur Begegnungszone. Radfahrer, Fußgänger und Autofahrer nutzen diesen Bereich gleichberechtigt. Die liebevoll eingerichteten Cafés und Bio-Geschäfte sowie die bunt gestalteten Auslagen der Blumenläden tragen ihren Teil zum gemütlichen Charme des Grätzls bei.

Hausgemachte Fruchtaufstriche, köstliches Bauernbrot und exzellentes Lammfleisch gibt es bei Antonia und Michael von der *Leitenbauer Schäferei*.

Mit der U2 oder der Straßenbahn 2 bis zum Rathaus.

43

muso koroni
Josefstädter Straße 33
A-1080 Wien
+43 (0)1 4024770
www.muso-koroni.com

FESCH OHNE TIERLEID
Veganer Kleiderladen *muso koroni*

In der Josefstädter Straße befindet sich das kleine Geschäft mit seinem großen Angebot: *muso koroni*, das nach der westafrikanischen Göttin, der Mutter aller Lebewesen, benannt wurde. Mit großem Respekt und viel Liebe für alle Lebewesen wird auch dieser Laden geführt. Die Gründerin Jasmin Schister pflegt seit 2004 einen veganen Lebensstil und möchte diesen für alle ermöglichen. Ursprünglich als Onlineshop gedacht, lockt ihr Geschäft *muso koroni* nun genauso offline umweltbewusste Menschen an.

Alle Produkte im Laden sind zu 100 Prozent vegan. Das bedeutet natürlich, dass sie weder an Tieren getestet wurden noch irgendwelche tierischen Inhaltsstoffe beinhalten. Des Weiteren wird darauf geachtet, dass hauptsächlich Firmen vertreten sind, die ausschließlich vegane Ware vertreiben. Außerdem wird beim Einkauf auf kurze Transportwege geachtet, um den ökologischen Fußabdruck so gering wie möglich zu halten. Siegel, wie »Fair Trade« und »Bio«, gehören dabei zur Tagesordnung.

Kleider, Schuhe, Schmuck, Kosmetik oder Wohnaccessoires werden präzise und nach strengen Kriterien ausgewählt. Das Personal hat immer ein offenes Ohr und berät kompetent. Auf der Suche nach einem nachhaltigen Artikel kann man sich bei *muso koroni* sicher sein, dass sämtliche ökologische Kriterien erfüllt wurden.

Die hoch frequentierte Josefstädter Straße mitten in der Josefstadt ist heute eine wichtige Verbindung zwischen Ring und Gürtel. Dass es sich bei der Straße ursprünglich um eine Verbindung zwischen dem Gutshof Lerchfeld und dessen Äcker handelte, ist heute kaum noch vorstellbar. Der Name für Viertel und Straße kommt übrigens von Kaiser Josef I., der das Grätzl nach der zweiten Belagerung der Osmanen wiederaufbauen ließ.

Der Onlineshop gibt einen guten Vorgeschmack dafür, was es auch im Laden zu kaufen gibt.

Die Anfahrt erfolgt mit der Straßenbahnlinie 2 bis Lederergasse oder mit dem Bus 13A bis Josefstädter Straße.

44

**Der Greißler – unver-
packt.ehrlich**
Albertgasse 19
A-1080 Wien
+43 (0)677 61615420
www.der-greissler.at

Der Greißler
Standort 2
Margaretenstraße 44
A-1040 Wien
+43 (0)677 62932035

EIN MATROSE MACHT'S VOR

Der Greißler – unverpackt.ehrlich

Alexander Obsieger hat sich nach zehn Jahren in der Binnenschifffahrt nach einem Tapetenwechsel gesehnt. Der herkömmliche Lebensmittelhandel, mit viel zu viel Verpackungsmaterial und großen Mengen an Lebensmittelüberschuss, der schließlich im Müll landet, war für ihn immer schon ein Dorn im Auge. Warum nicht einfach besser machen?

2016 hat *Der Greißler – unverpackt.ehrlich* – in der Albertgasse mit einer Auswahl von ganzen 20 Produkten begonnen. Heute sind es mehr als 1.000 verschiedene Lebensmittel und andere nützliche Zero-Waste-Artikel, die bei ihm zum Großteil ohne Verpackung erhältlich sind. Regionale Ware aus Österreich, aber auch aus der Slowakei und Ungarn kommen direkt vom Produzenten in den Unverpacktladen. Auf Zwischenhändler wird zugunsten der fast 90 Lieferanten verzichtet. Alexander legt bei der Auswahl außerdem großen Wert darauf, kleine Betriebe zu unterstützen, und biozertifizierte Lebensmittel haben immer Vorrang.

Auf 50 Quadratmetern gibt es nicht nur alles zum Leben, sondern auch regionale Delikatessen, die sich hervorragend als Geschenk oder Souvenir eignen. Wie etwa Weine aus Niederösterreich und dem Burgenland, Ingwer-Likör, handgesiedete Seifen oder Marmeladen. Für den besonderen Anlass bezieht *Der Greißler* etwa Biofisch aus Mariazell.

Lose Lebensmittel, wie Getreide, Gemüse und Co., bietet *Der Greißler* außerdem ohne Einwegglas an. Dafür wird einfach das eigene Gefäß eingepackt. Egal ob Glasbehälter, Metalldosen oder ein Baumwollsackerl – sauber sollte es sein und dann kann einfach nach Lust und Laune eingepackt werden. Zum Schluss wird gewogen und nach Gewicht bezahlt. Aber keine Sorge, selbst spontane Einkäufe sind ohne Probleme möglich, dafür sind vor Ort Papiertüten vorhanden.

Im Juni 2020 hat Alexander eine weitere Filiale im vierten Wiener Gemeindebezirk eröffnet.

Erreichbar mit den Straßenbahnlinien 2, 5 und 33. Ausstieg bei der Haltestelle Albertgasse.

45

Volkskundemuseum Wien
Laudongasse 15–19
A-1080 Wien
+43 (0)1 4068905
www.volkskundemuseum.at

Café Hildebrandt
Laudongasse 15–19
A-1080 Wien
+43 (0)1 406890510
www.hildebrandt.cafe

EIN PLATZ FÜR DIE ZUKUNFT

Volkskundemuseum Wien

Das Gartenpalais Schönborn ist schon allein wegen des Gebäudes einen Besuch wert. Anfang des 18. Jahrhunderts wurde das Palais nach den Plänen des Architekten Johann Lucas von Hildebrandt erbaut. Das barocke Schlösschen mit seinem romantischen Garten ist heute Treffpunkt für Kultur, Wissenschaft und Kulinarik.

Seit 1917 ist das Palais das Zuhause des Vereins für Volkskunde, der sich als offener Raum für Forschung und Vermittlung von ethnografischen Inhalten versteht. Die Erwartungen an ein klassisches Volkskundemuseum werden aber weit übertroffen. Die Dauerausstellung über Alltagsgegenstände während der Habsburgermonarchie wurde gemeinsam mit Asylbewerbern, die 2015 nach Österreich geflüchtet sind, überarbeitet. Neben einem Tiroler Kleiderschrank macht zum Beispiel eine gepackte Reisetasche in der neu kuratierten Ausstellung *Die Küsten Österreichs* auf die Geschichte der Geflüchteten aufmerksam. Außerdem widmen sich unterschiedliche Sonderausstellungen im zweiten Stock des Palais sozialkritischen Themen.

Aber auch die Klimakrise geht nicht spurlos am Volkskundemuseum vorbei. Als Teil der Initiative *#MuseumForFuture* unterstützt der Verein junge, streikende Aktivisten. Außerdem soll im Museum Nachhaltigkeit zukünftig immer mehr Bedeutung erhalten. Ein Kräutergarten mit Biopflanzen und Hochbeeten aus wiederverwerteten Materialien dient Schulgruppen bereits als Lernfläche und Workshopbereich. Die Beleuchtung im Museum wird auf LEDs umgestellt und ein großer Teil der Inneneinrichtung wird aus alten Möbeln und Holz angefertigt. Erst kürzlich wurde eine erweiterte Mülltrennung für Besucher eingeführt. Darüber hinaus ist der Verzicht auf Plastikverpackung und eine generelle Ressourcenschonung ein wichtiges Themengebiet des Museums.

Im *Café Hildebrandt* kann hervorragend gefrühstückt werden, auch vegan.

Mit der Straßenbahn 5 oder dem Bus 13A bis zur Laudongasse. Ebenfalls erreichbar mit den Straßenbahnen 43 beziehungsweise 44 bis Lange Gasse.

46

Humana
Alser Straße 41
A-1080 Wien
+43 (0)1 4060349
www.humana.at

Humana
Lerchenfelder Straße
45–47
A-1070 Wien
+43 (0)1 4025136

MODE AUS ZWEITER HAND
Altkleiderladen und Verein *Humana*

Als Verbindungsglied zwischen Schottentor und Gürtel ist die Alser Straße vor allem von Studierenden stark frequentiert. Denn zum einen liegt das Hauptgebäude der Universität Wien direkt am Schottentor und zum anderen befindet sich der Campus derselben Universität in der Mitte der Alser Straße.

Genau aus diesem Grund trifft man im *Humana* häufig auf Studenten, die ihre Pause zwischen den Vorlesungen und Seminaren nutzen, um sich neu einzukleiden. Der Verein *Humana* ist in ganz Wien mit insgesamt elf Shops vertreten. Jeder der Läden ist aber einzigartig und bietet eine gut sortierte Auswahl an Kleidern und Unikaten. In der Alser Straße lädt der kleinste dieser Shops zum Stöbern ein. Beim Erkunden der zwei Stockwerke lässt sich passend zu den vielen Studenten vor allem junge und hippe Vintage-Kleidung entdecken.

Humana ist ein sozialer Verein, der gemeinnützige Initiativen in afrikanischen Ländern fördert und unterstützt. Die Kleider, die in den Shops verkauft werden, sind private Spenden, welche in Altkleidercontainern in ganz Wien gesammelt werden. Der Verkaufserlös dieser Kleider wird schließlich an Länder mit hoher Armutsrate für Hilfsprojekte gespendet.

Neben dem sozialen Charakter ist auch der ökologische für den Verein relevant. Insgesamt wurden in Österreich bisher fast 100.000 Tonnen Kleidung gesammelt. Das Wiederverwenden von alter Kleidung spart entgegen der Verwertung auf einer Mülldeponie enorm viel Treibhausgasemissionen. Da die Kleidung keine neuen Ressourcen verbraucht, ist der Erwerb derselben CO_2-neutral. Nicht verkaufte Kleider werden zu Putzlappen verarbeitet oder zu Decken genäht. Nur vier Prozent der Spenden bei *Humana* gelangen schließlich in den Restmüll.

Falls Sie noch nicht genug von Vintage-Kleidung haben, besuchen Sie die Filiale im siebten Bezirk, mit weitaus größerer Auswahl.

Anfahrt mit der Straßenbahnlinie 43 und 44 oder dem Bus 13A, Ausstieg bei der Haltestelle Skodagasse.

47

Bis 2021 stand hier der von
Franz Gassner kreierte
Bücherschrank, der nun
einem neuen weicht

**Offener Bücherschrank
Heinz-Heger-Park**
Heinz-Heger-Park
A-1090 Wien

EIN ORT ZUM LESEN UND ERINNERN
Offener Bücherschrank am Heinz-Heger-Park

Seit 2011 steht im Heinz-Heger-Park der meistgenutzte offene Bücherschrank Wiens. Mit der begonnenen Neugestaltung des Parks 2021 weicht nun der ursprüngliche Schrank des Künstlers Franz Gassner im darauffolgenden Frühjahr einem neuen Modell. Dieses fasst etwa 100 Bücher und soll weiterhin zum Austausch von Literatur anregen. Alle sind eingeladen, ihre gelesenen Romane und Sachbücher reinzustellen und sich dafür ein anderes zu nehmen, das man gerne lesen möchte. So erhält sich der offene Bücherschrank komplett von selbst. Regelmäßig werden die Werke abgestempelt, dadurch wird kenntlich gemacht, dass sie nicht für den Verkauf gedacht sind. Die Idee dahinter ist, den öffentlichen Raum ohne kommerzielle Mittel zu nutzen und gleichzeitig einen kostenlosen Austausch von Waren zu initiieren.

Auch das neue Projekt soll auf den Namen des Parks aufmerksam machen und an *Die Männer mit dem rosa Winkel* erinnern. Ein dreieckiger rosa Stoff-Aufnäher diente zur Kennzeichnung von homosexuellen Häftlingen während des Nazi-Regimes.

Der Heinz-Heger-Platz ist ein Ort der Erinnerung. Am dortigen Zimmermannplatz lebte einst Josef Kohaut, der während des Nationalsozialismus aufgrund seiner Homosexualität in ein Konzentrationslager überführt wurde. Er überlebte und schilderte seine Geschichte später seinem guten Bekannten Hans Neumann, der unter dem Pseudonym Heinz Heger aus den tragischen Ereignissen das Buch *Die Männer mit dem rosa Winkel* verfasste. Dieses Pseudonym wurde zum Namensgeber dieses Parks im neunten Wiener Gemeindebezirk. Wer Hans Neumann war, ist bis heute unbekannt, wir wissen aber, dass er sich getraut hat, schwulen Männern eine Stimme und ein Medium zu geben, in einer Zeit, in der Homosexualität verboten war.

Schnappen Sie sich ein Buch und entspannen Sie im kleinen Park, wo ein Trinkbrunnen, ein Sonnensegel und eine Hängematte zum Verweilen einladen.

Die U6 oder die Straßenbahnlinie 43 bringt Sie bis zur Alser Straße, von hier aus sind die Bücherschränke schnell zu Fuß erreichbar.

48

**Campus der
Universität Wien**
Spitalgasse 2
(Ecke Alser Straße)
A-1090 Wien
+43 (0)1 427717623
(Infos zu Führungen)
campus.univie.ac.at

**Pathologisch-anato-
mische Sammlung im
»Narrenturm«**
Spitalgasse 2
A-1090 Wien
+43 (0)1 52177606
www.nhm-wien.ac.at/
narrenturm

EIN LEHRREICHER BODEN
Altes Allgemeines Krankenhaus – Campus der Universität Wien

Der Gebäudekomplex des alten Allgemeinen Krankenhauses (AKH) geht bereits auf das 17. Jahrhundert zurück, wo er vor allem als Wohnraum für Obdachlose und Menschen mit physischen Beeinträchtigungen nach der zweiten Belagerung der Osmanen dienen sollte. Seinen Namen erhielt das Areal unter Josef II., der damit das Kapitel einer neuen Gesundheitspolitik aufschlug. Zu seiner Zeit wurde auch der architektonisch auffällige *Narrenturm*, für die Erforschung und Behandlung mentaler Krankheiten, erbaut.

Mit dem Bau eines neuen AKH in Michelbeuern wurde das Areal um das alte AKH an die Universität Wien übergeben, die in den 1990er-Jahren dort ihren Campus eröffnete. Durch die dichten Mauern zur Straße hin wurde der Komplex zu einer grünen Oase, durch die man schlendert, ohne zu merken, dass man sich noch direkt in der Großstadt befindet. Die einzelnen Universitätsinstitute sind über die verschiedenen Höfe miteinander verbunden und bieten Studierenden in den Pausen genügend Fläche, um zu lernen oder den Kopf davon wieder frei zu bekommen.

Aber nicht nur Mitglieder der Universität nutzen das alte AKH, sondern auch Familien und Anrainer freuen sich über die grünen Flächen, das gastronomische Angebot und den Spielplatz mitten drin. Außerdem öffnet der *Narrenturm* dreimal die Woche seine Schausammlung, in der man Skurriles aus der Medizin bestaunen kann. Führungen durch den *Narrenturm* und über den Campus finden mindestens einmal im Monat statt. Dabei erfährt man mehr über den geschichtlichen Hintergrund der Gebäude.

Gleich neben dem *Narrenturm*, beim Ausgang Sensengasse, wurde ein Stadtgarten angelegt. Der Verein *Grätzlgärten Alsergrund* hat sich ein paar der ungenutzten Flächen im alten AKH angenommen, um dort Urban Gardening zu betreiben und somit Selbstversorger zu werden.

Zur Weihnachtszeit findet im alten AKH ein bezaubernder Adventsmarkt statt.

Mit der Straßenbahnlinie 5, 43 und 44 bis zur Haltestelle Lange Gasse.

49

Werkstätten- und Kulturhaus
Währinger Straße 59
A-1090 Wien
+43 (0)1 401210
www.wuk.at

Statt-Beisl
Währinger Straße 59
A-1090 Wien
+43 (0)1 4087224
www.statt-beisl.info

EIN PLATZ FÜR ALLE
Werkstätten- und Kulturhaus

Das Werkstätten- und Kulturhaus ist vor allem unter der Kurzform WUK bei den Wienern bekannt. Als ehemalige Maschinenfabrik und technologisches Gewerbemuseum bietet das Gebäude aus der Zeit der Industrialisierung rund 12.000 Quadratmeter Platz für Kreativität, Bildung, Kunst und Kultur.

Organisatorisch gesehen handelt es sich beim WUK um drei Teilbereiche. Da wäre der Kulturbetrieb, der sich um Veranstaltungen aller Art kümmert. Egal ob Tanz- oder Theateraufführungen, Foto- oder Kunstaustellungen oder Festivals und Konzerte. Egal ob für Kinder oder Erwachsene, jeder findet sein passendes Programm. Das Bildungs- und Beratungszentrum gibt benachteiligten Jugendlichen Halt und Unterstützung, um ihren Berufsweg zu wählen und handwerkliche Berufe auszuüben. An dritter Stelle wäre dann noch das soziokulturelle Zentrum, das wiederum 150 verschiedene Organisationen beinhaltet. Dabei handelt es sich um Werkstätten, Proberäume, Tonstudios, freie Schulen, Interessenvertretungen, Umweltschutzorganisationen, Galerien und vieles mehr.

Wenn man nicht gerade Vereinsmitglied ist oder einer der 150 Organisationen angehört, steht das WUK natürlich auch Besuchern offen. Besonders reizvoll ist der verwachsene Innenhof, wo im Sommer Bierbänke und Tische das Areal füllen und das eine oder andere kühle Getränk verköstigt werden kann. Das WUK *Statt-Beisl* bietet zudem allerhand Köstlichkeiten, vom Bio-Schnitzel bis zum veganen Thai-Curry ist für jeden was dabei. Dreimal die Woche hat man die Möglichkeit, bei der Fahrrad-Selbsthilfe seinen Drahtesel mit kompetenter Hilfe eigenhändig zu reparieren. Oder man genießt am Abend ein Konzert oder Theaterstück in einem der vielen Veranstaltungsräume. Das WUK ist eine ganz besondere Institution, die aus Wien genauso wenig wegzudenken ist wie das Riesenrad.

Im Spätsommer findet hier jedes Jahr das Musik- und Kultur-Festival *Waves* statt. Bis 2024 wird das WUK bei laufendem Betrieb saniert.

Erreichbar mit der U6, mit den Straßenbahnen 40, 41 und 42 oder mit dem Bus 40A. Ausstieg bei der Haltestelle Währingerstraße.

50

blueorange
Alserbachstraße 1
A-1090 Wien
+43 (0)1 9081504
www.blueorange.co.at

blueorange
Margaretenstraße 9
A-1040 Wien
+43 (0)1 5811770

 # EIN KÖNIGREICH FÜR EINEN BAGEL
Café *blueorange*

Herzhaft hört man es hinterm Tresen lachen. Beim Kaffee brauen steigt nicht nur ein köstlicher Duft in den Raum, sondern es werden offensichtlich auch einige erheiternde Geschichten ausgetauscht. Generell herrscht eine sehr entspannte Stimmung im gut besuchten Café *blueorange*. Vielleicht macht das die Indie-Musik der ooer-Jahre aus, die im Hintergrund auf Dauerschleife läuft, oder das äußerst nette und herzhaft lachende Personal.

Das *blueorange* ist in erster Linie für seine Bagels bekannt. Einer Legende nach soll der Bagel 1683 in Wien das Licht der Welt erblickt haben. Er soll zu Ehren des polnischen Königs Johann III. Sobieski erstmals gebacken worden sein, weil der König Wien während der zweiten Belagerung der Osmanen zu Hilfe kam. Da der König ein großer Pferdeliebhaber war, sollte sich die Form sowie der Name des neuen Gebäcks vom Steigbügel ableiten.

Als ich noch Studentin war, kam ich selten ins *blueorange* frühstücken, holte mir aber gerne stattdessen ein paar frische Bagels. Heute hat sich das geändert, viel lieber sitze ich hier vormittags bei gutem Espresso und einem veganen Bagel-Frühstück. Das Lokal hat sich optisch nicht viel verändert. Es ist nie auf den Hipster-Zug der anderen Cafés oder Restaurants aufgesprungen. Nicht nur die Musik ist der Jahrhundertwende zuzuordnen, sondern eigentlich die ganze Inneneinrichtung. Allerdings legt das *blueorange* ökologisch einiges vor, wovon sich noch viele andere hippe Cafés eine Scheibe abschneiden können. Wir sprechen hier von fair gehandeltem Bio-Kaffee, kompostierbaren Einwegbechern, 100 Prozent Ökostrom, Milch und Eiern direkt vom Bauern und Bio-Tee von *Sonnentor*. Und das ist nur eine kleine Kostprobe des nachhaltigen Konzepts dieses Bagel-Ladens.

Eine weitere *blueorange*-Filiale ist in der Margaretenstraße im vierten Bezirk zu finden.

Nehmen Sie die Straßenbahnlinie 5, 37 oder 38. Alternativ bringt Sie auch der Bus 40A bis zur Haltestelle Nußdorfer Straße/Alserbachstraße.

51

Donaukanal
Startpunkt: Friedens-
brücke
A-1090 Wien

Citybike Wien
Friedensbrücke
A-1090 Wien
+43 (0)1 7980777
www.citybikewien.at

DAS WASSER, DAS VERBINDET
Donaukanal

Der Donaukanal entstand im Zuge der Donauregulierung in den 1870er-Jahren. Zum einen sollte er als Hochwasserschutz dienen und zum anderen die Donau als wichtigen Gütertransportweg mit der Inneren Stadt verbinden. Heute fließt der 17,3 Kilometer lange Donaukanal an sieben Bezirken vorbei und ist als geselliger Treffpunk, Radweg, öffentliche Kunstfläche, Gastronomie Hotspot und Festivalgelände nicht mehr wegzudenken.

Der 20. Wiener Gemeindebezirk hat eine ganz besondere Beziehung zum Donaukanal. Brigittenau war zwar bereits seit dem Spätmittelalter als »Werd«, also Insel, bekannt, dennoch gewann der Bezirk besonders durch den Bau des Donaukanals an Bedeutung und außerdem an zusätzlicher Fläche.

Während der Kanal im Bereich der Inneren Stadt und Leopoldstadt gerade für sein Bar- und Gastronomieangebot bei den Wienern geschätzt wird, ist der Donaukanal im Norden naturbelassener und vor allem bei Spaziergängern, Radfahrern oder Sportlern beliebt. Hier entlang verläuft auch der Radfernweg *EuroVelo 9*, der von der Ostsee bis an die Adria führt.

Egal ob mit Fahrrad oder zu Fuß, der Donaukanal dient als öffentliches Museum mit ständig wechselnden Ausstellungen und Künstlern. An vielen Stellen ist das Sprayen von Graffitis am Donaukanal legalisiert worden und lockt daher viele talentierte Künstler an. Kamera nicht vergessen, denn wer weiß, wie lange die Kunstwerke noch da sind!

Das bedeutendste Bauwerk an der Brigittenauer Länd ist die von Otto Wagner erbaute Nussdorfer Wehr- und Schleusenanlage, die an der Abzweigung der Donau in den Donaukanal zu finden ist. Ein Ausflug an die Wehr lohnt sich nicht nur wegen der Architektur im Jugendstil, sondern auch wegen der kleinen Insel, die zum Spazieren einlädt.

Ein Fahrrad kann bei einer der vielen *Citybike*-Stationen ausgeliehen werden, zum Beispiel bei der Friedensbrücke.

Mit der U4 bis Friedensbrücke, um zur Mitte des Donaukanals zu gelangen. Alernativ bringt die S-Bahn oder die Straßenbahnlinie D Sie bis zur Station Nußdorf, an den Anfang des Kanals.

52

Wohnküche
Traunfelsgasse 1
A-1200 Wien
+43 (0)677 63105972
www.wohnkueche.at

EIN KULINARISCHER AUSREISSER
Restaurant *Wohnküche*

Kaum überquert man die unsichtbare Grenze von Leopoldstadt nach Brigittenau, ist plötzlich alles anders. Den jungen, hippen Charme aus dem zweiten Bezirk sucht man hier vergebens und man könnte meinen, dass der 20. Wiener Gemeindebezirk auch kulinarisch eher eine Flaute ist. Aber es gibt einen Lichtblick und der nennt sich *Wohnküche*.

Mit dem Augarten in Sicht- und Gehweite und dem belebten Gaußplatz nur ein paar Schritte entfernt überrascht in der Traunfelsgasse die *Wohnküche*, ein gemütliches und gleichzeitig schickes Lokal. Die wenigen Tische sind heiß begehrt, daher reserviert man im besten Fall vorher. An warmen Tagen lädt außerdem der Gastgarten an der Straße zum gemütlichen Verweilen und Schlemmen ein. Gekocht wird von Andreas Brunner, der seine ständig wechselnde Speisekarte kompakt, aber gut zusammengestellt hält. Corinna Huber ist für das Service zuständig. Aber so genau nehmen die beiden das mit der Aufteilung nicht. Da wird man schon mal vom Koch zum Tisch begleitet oder sie helfen sich gegenseitig in der Küche – die tolle Atmosphäre im Lokal ist ihr Verdienst.

Ein klassisch österreichisches Menü bekommt hier einen internationalen Twist. So finden sich Speisen wie ein Wiener Pho neben einem Bio-Brathuhn auf der Karte. Auch für Vegetarier und Veganer wird gesorgt. Als Vorspeise etwa mit einem Bio-Tofu mit Karfiol und Brösel und ein Ratatouille mit Couscous als Hauptspeise. Die Mahlzeiten sehen nicht nur hübsch aus, sondern sind zudem großzügig portioniert.

Nach Küchenschluss ist ein Bio-Brot von *Öfferl* mit Bio-Grammelschmalz oder einem anderen Aufstrich auf jeden Fall noch drin. Schließlich dürfen die Snacks zu einem Glaserl Wein oder einem Krügerl Bier nicht fehlen.

Das Lokal öffnet erst am späten Nachmittag.

Zur *Wohnküche* bringt Sie die Straßenbahnlinie 5 oder 31. Ausstieg bei der Station Klosterneuburger Straße/Wallensteinstraße.

53

Naturkost Liola
Karl-Meißl-Straße 6
A-1200 Wien
+43 (0)699 11642996
www.naturkostliola.at

WIE DAS GRÄZL GRÜNER WIRD
Naturkost Liola

Angefangen hat alles mit ein paar Tomatensetzlingen, die Bayram Senel von seiner Großmutter aus der Türkei bekommen hat. Gemeinsam mit Nachbarn hat er begonnen, die saftigen Fleischtomaten im eigenen Grätzl großzuziehen. Daraus entstand die Idee, das Viertel mit eigenem, unbedenklichem Gemüse zu versorgen, zwar nicht im Rahmen eines Urban-Gardening-Projekts, sondern vielmehr mit einem Bioladen.

Das liebevoll gestaltete Naturkostgeschäft in der Karl-Meißl-Straße hat 2017 eröffnet und ist seither Anlaufpunkt sowohl für Nachbarn als auch alle, die lieber auf Verpackungsmüll verzichten, vegetarisch essen wollen oder einfach mal schnell etwas für den Haushalt brauchen. Darüber hinaus können ausgewählte Souvenirs und nachhaltige Geschenke bei *Naturkost Liola* erworben werden. Bayram erzählt, dass die Produktvielfalt von T-Shirts über Lebensmittel bis zu Haushaltsreinigern reicht. Eben alles, was man zum Leben benötigt. Er richtet sich ganz nach den Wünschen seiner Kunden. Dabei werden Produzenten aus der Region unterstützt und natürlich auf fairen Handel und auf Bio-Produkte gesetzt. Trockene Lebensmittel wie Hülsenfrüchte und Nüsse können in eigene Behälter abgefüllt werden. Außerdem gibt es Bio-Rohmilch und Rohschafsmilch-Joghurt in Pfandgläsern.

Besonders stolz ist Bayram auf sein Frühstück- und Mittagsangebot, das mitunter täglich wechselt. Eines ist sicher: es ist immer vegetarisch und bio, bei Bedarf werden viele Mahlzeiten zudem vegan zubereitet. Kreiert werden die Speisen mit Lebensmitteln, die im Laden angeboten werden, so wird außerdem dafür gesorgt, dass keine Lebensmittelverschwendung vorkommt. Im Lokal gibt es acht gemütliche Sitzplätze und in den warmen Monaten bietet ein lauschiger Gastgarten noch mehr Platz zum Verweilen an.

Man munkelt, dass es hier den besten Kaffee Wiens gibt.

Mit der Straßenbahnlinie 5 oder 33 bis Wallensteinplatz oder mit der U4 bis Friedensbrücke.

54

Die Naturgreißlerinnen
Joseph-Flandorfer-
Straße 2/1
A-1210 Wien
+43 (0)1 2922193
www.naturgreisslerinnen.at

FÜR DIE GESUNDE WANDERJAUSE
Die Naturgreißlerinnen

Nach einer gefühlten Ewigkeit verlassen wir bei der Endhaltestelle Stammersdorf die Straßenbahn. Hier fühlt man nichts mehr von dem Trubel der Großstadt. Wären da nicht die Straßenbahnschienen, könnte man meinen, wir befänden uns in einem kleinen Dorf in Niederösterreich. Aber nein, Stammersdorf ist wohl das gemütlichste und hübscheste Grätzl im Bezirk Floridsdorf. Hier beginnen Wanderwege auf den Bisamberg, man findet traditionelle Heuriger-Kultur und städtische Landwirte, auch wenn Letzteres irgendwie ein Widerspruch in sich ist.

Sofort fällt ein kleines Geschäft ins Auge: Die Naturgreißlerinnen. Heraußen stehen Tische und Stühle und durch die großen Fenster können wir ins Innere spähen und erkennen, dass es sich um einen liebevoll eingerichteten Naturkostladen handelt. Die beiden Eigentümerinnen Ena und Annekatrin brennen für ihr Geschäft und wählen alle Produkte mit großer Sorgfalt aus. Hier finden sich Kinderspielsachen aus nachhaltigen Materialien, frisches Obst und Gemüse und andere Bio-Lebensmittel von Marken wie *Rapunzel* und *Sonnentor*. Ena und Annekatrin sehen sich als Nahversorgerinnen im Grätzl, immerhin profitieren sie selbst davon, sich nicht weit aus ihrem Stammersdorf entfernen zu müssen. Viel Gemüse und Obst kommt sogar direkt aus dem Viertel. Knoblauch und Kartoffeln gibt es das ganze Jahr über von Landwirten, die nur ein paar Straßen weiter die Äcker bewirtschaften.

Ideal eignet sich der Laden, um noch schnell Proviant für die Wanderung auf den nahen Bisamberg zu besorgen. Zum Beispiel vegane Bio-Riegel, einzelne Bananen oder Äpfel oder eine erfrischende Bio-Limonade. An heißen Tagen belohnt man sich vielleicht lieber mit einem Bio-Eis oder man kehrt für eine kleine Stärkung ein und bestellt Suppe oder einen Kuchen mit Kaffee.

Unbedingt die veganen Mohnzelten probieren, eine traditionelle Mehlspeise aus dem Waldviertel.

Erreichbar mit den Straßenbahnlinien 30 und 31.

55

**Buschenschank
Biohof N°5**
Clessgasse 82
A-1210 Wien
+43 (0)660 2199631
www.wein.nummer5.at

**Ab-Hof-Verkauf
Biohof N°5**
Stammersdorfer Straße 5
A-1210 Wien

KEIN WIEN OHNE WEIN
Buschenschank *Biohof N°5*

Eine wichtige Tradition, die man in Wien auf jeden Fall pflegen sollte: ein Besuch beim Heurigen. Immerhin ist Wien die einzige Großstadt der Welt, wo der dort angebaute Wein wirtschaftlich eine große Bedeutung hat. Dieser muss schließlich auch verköstigt werden.

Ein wildromantisches Plätzchen für das Achtel an einem lauen Sommerabend bietet der Buschenschank vom *Biohof N°5* in der Clessgasse. Der Eingang führt durch eine alte Scheune, der Schein von Lichterketten weist den richtigen Weg. Im gemütlichen Innenhof laden zahlreiche Holzbänke und Tische zum Zusammensitzen ein. Aber auch im Inneren des Heurigen ist es behaglich, wenn es draußen schneit oder regnet.

Alexandra und Oliver Kaminek haben den Hof 2011 wieder übernommen, der bis in die 1980er-Jahre in Familienbetrieb war. Von Anfang an war klar, der Hof soll nach dem Prinzip der Kreislaufwirtschaft geführt werden und biozertifiziert sein. So wechseln sich der Getreide- und Gemüseanbau auf den Feldern ab. Das Futtermittel für die eigenen Schweine, Hühner und Schafe wächst am Hof. Kartoffeln, Gemüse und Getreide, das nicht verfüttert wird, findet Käufer im Hofladen oder wird im Buschenschank serviert. Eine Spezialität des Hauses ist der Speck der hiesigen Mangalitza-Schweine. Den sogenannten Lardo gibt es als Verhackertes oder fein aufgeschnitten auf das selbstgebackene Brot. Dazu empfiehlt Oliver den Gemischten Satz, der momentan eine Renaissance in Wien erlebt. Traditionelle Buschenschankkost, wie Aufstriche und Salate, werden aber auch ohne tierische Produkte serviert.

Der Hofladen in der Stammersdorfer Straße öffnet drei Mal die Woche seine Pforten. An einem Wochenende im Monat ist der Buschenschank geöffnet. Die Termine dazu werden auf der Website kundgegeben.

Im Weingarten in der Bründelgasse wird in den Sommermonaten Wein und Bio-Fisch kredenzt.

Der Bus 30A bringt Sie bis zum Freiheitsplatz. Alternativ können Sie mit den Straßenbahnen 30 oder 31 bis zur Station Stammersdorf anreisen und von hier aus einen kleinen Spaziergang zu Fuß bis zum *Biohof N°5* machen.

56

Bisamberg
Startpunkt: Endhaltestelle
der Straßenbahnlinie 31
Josef-Flandorfer-Straße
A-1210 Wien
www.wien.gv.at

Weingut Weinhandwerk
Senderstraße 27
A-1210 Wien
+43 (0)680 4014151
www.weinhandwerk.at

WIESEN, WÄLDER UND WEIN
Bisamberg

In das nordwestliche Eck von Wien verlaufen sich kaum Touristen, obwohl sich entlang des Heurigenpfads am Bisamberg ein Weingarten an den anderen reiht und die Aussicht einfach herrlich ist. Dafür wird der 358 Meter hohe Berg, der sich zwischen Wien und Niederösterreich erhebt, vor allem von den Einheimischen gerne besucht.

Von Stammersdorf und Strebersdorf im 21. Wiener Gemeindebezirk kann das beliebte Ausflugsziel von der Metropole aus erreicht werden. Am besten ist man zu Fuß unterwegs und nutzt einen der vielen Wanderwege durch Weingärten, Wälder und Wiesen. Der gut beschilderte Stadtwanderweg 5 beginnt und endet bei der Endhaltestelle der Straßenbahnlinie 31 und führt über den Heurigenpfad hinauf auf den Falkenberg mit einem weitreichenden Spielgelände und toller Aussicht über Wien. Spielerisch und sportlich wird das Naherholungsgebiet zum Drachensteigen, Schaukeln, Laufen, Radfahren, Reiten und im Winter auch zum Rodeln genutzt.

Der Bisamberg ist der südlichste Ausläufer der Alpen und gehört zum geschützten Gebiet des Wienerwaldes. 1880 war der Waldbestand des Berges auf ein Prozent dezimiert. Großräumige Aufforstungsarbeiten begannen knappe 100 Jahre später. Heute beherbergt der Berg eine vielfältige Flora und Fauna. Flinke Augen können zum Beispiel einen Blick auf Ziesel in den Weingärten und Wiesen erhaschen. Die stark gefährdeten Nagetiere wurden aus dem urbanen Zentrum der Stadt zurückgedrängt und können inzwischen nur noch in wenigen Gebieten Wiens beobachtet werden. Auf den Wiesen des Berges gibt es aber noch mehr zu sehen: Hier gedeihen einige Orchideenarten und auch Gottesanbeterinnen sind wegen des pannonischen Klimas gerne anzutreffen. Um die Artenvielfalt auf den Wiesen zu schützen und nicht zu zerstören, übernehmen die dort ansässigen Ziegen das Mähen der Wiesen.

Am Stadtwanderweg 5 liegt das Weingut *Weinhandwerk*, hier lohnt sich das Einkehren! Von April bis Oktober können hier die Wildkräuterküche, die Bio-Weine und der zauberhafte Garten genossen werden.

Um den Stadtwanderweg zu gehen, fährt man mit der Straßenbahnlinie 31 bis zur Endhaltestelle Stammersdorf.

57

Café im Leo
Neufahrtweg 14
A-1220 Wien
+43 (0)1 2827738
www.cafeimleo.at

Kleine Stadt Farm
Neufahrtweg 14
A-1220 Wien
+43 (0)1 3360300
http://kleinestadtfarm.at

UNVERKRAMPFT NACHHALTIG
Café im Leo

Zwischen Äckern und Wiesen lädt das charmante *Café im Leo* mit Kaffee und Kuchen auf Sofa und Stühle. Das kleine Lokal, das ursprünglich als Sozialprojekt entstand, versteht sich als Ort, der Sicherheit und Toleranz allen Menschen gegenüber bietet. Hier treffen sich die Stadtlandwirte der Umgebung, aber auch alle anderen Gäste sind herzlich willkommen.

Mike Graner gründete das Café als Teil der *Kleinen Stadt Farm*, ein Verband für ökologische Betriebe in ganz Österreich. Allein in der Donaustadt sind auf 5,5 Hektar Fläche 15 Initiativen angesiedelt, an denen mehr als 200 Menschen beteiligt sind. Dazu gehören außerdem Wohnungen für Menschen mit sozialen Benachteiligungen, die sich vor Ort in die Arbeitswelt integrieren können. Das Café, mitten im Geschehen, funktioniert wie eine Drehscheibe für die Betriebe und Menschen. Vor Ort produzierte Produkte liegen im dazugehörigen Hofladen auf. Wie etwa Austernpilze, die nebenan auf gesammeltem Kaffeesatz aus der Wiener Gastronomie wachsen. Aber auch frische Äpfel, Mehl und Pasta können ohne viel Verpackung erworben werden. Unverkäufliches Gemüse und Obst wird zum Mittagstisch verarbeitet oder Mike kreiert eine neue Eis-Sorte daraus. Zu verschiedenen selbstgemachten Kuchen gesellt sich hochwertig gerösteter Kaffee aus dem Ybbstal. Mindestens eine vegane Variante ist hier immer dabei.

Jeden zweiten Sonntag im Monat findet im Hof des Cafés ein Bauernmarkt mit großem Kinderprogramm statt. Neben Eis aus eigener Herstellung gibt es Bio-Steckerlfisch, der besonders beliebt bei den Besuchern ist. Beim Grillen vom Saibling und der Forelle bleibt oft viel Kohle übrig, diese wird zu natürlichem Dünger, Terra Preta, verarbeitet.

Probieren Sie den orientalischen Brunch aus, der immer sonntags vom kurdischen Team aufgetischt wird.

Mit dem Bus 93A bis zur Station Otto-Weber-Gasse, alternativ mit dem Bus 96A bis zur Station Schillwasserweg.

58

Besonders im Frühling
und Anfang des Sommers
können Laubfrösche im
Nationalpark beobachtet
werden

**Nationalpark
Donau-Auen – Lobau**
Startpunkt: »Nationalpark-
haus wien – lobAU«
Dechantweg 8
A-1220 Wien
+43 (0)1 400049495
www.nph-lobau.wien.at

EXPEDITION IN DEN WASSERWALD
Nationalpark Donau-Auen – Lobau

Von Wiens Osten bis zur slowakischen Staatsgrenze reicht der Nationalpark Donau-Auen am Fluss entlang. Er umfasst eine der letzten großen intakten Auenlandschaften in Mitteleuropa. Rund ein Viertel des Nationalparks liegt im Wiener Stadtgebiet und breitet sich auf etwa 2.300 Hektar Fläche aus. Dieser Bereich wird auch Lobau genannt und ist bei den Wienern als Naherholungsgebiet sehr beliebt.

Vorranging mit dem Fahrrad oder zu Fuß lässt sich der Park hervorragend erkunden. Das gut ausgebaute und beschilderte Wegenetz führt immer sicher zum Ziel und an interessanten Orten vorbei. Hier staunt man über die seltene Tier- und Pflanzenwelt, wie die europäische Sumpfschildkröte, den Eisvogel oder geschützte Orchideen. Im Sommer laden die ausgewiesenen Naturbadeplätze zu einer Abkühlung ein. Die Panozzalacke wird von Familien gern aufgesucht, da das Wasser dort sehr seicht ist und ein sogenanntes Knusperhäuschen für die nötige Verpflegung sorgt. Bei der Dechantlacke kommen auch Nudisten auf ihre Kosten und können dort ausgiebig ohne Kleidung entspannen. Aber auch in den kälteren Jahreszeiten lohnt sich ein Ausflug in das Naturschutzgebiet. Online und vor Ort weisen Übersichtskarten auf die dezidiert ausgewiesenen Badeplätze, Radwege und verschiedenen Rundwanderwege hin.

Ein Besuch in der Lobau wird am besten mit einem Abstecher ins Nationalparkhaus kombiniert. Dort wird die Artenvielfalt des Wasserwalds spielerisch den Kindern vermittelt. Außerdem können verschiedene Workshops und Führungen für die ganze Familie gebucht werden. Wie wäre es zum Beispiel mit einer Bootsfahrt von der Innenstadt in die Lobau, einer Themenexkursion zu Fuß oder mit dem Fahrrad durch die Donau-Auen? Egal für was man sich entscheidet, genügend Zeit sollte auf jeden Fall mit im Gepäck sein.

Für einen Tagesausflug genügend Proviant und Getränke einpacken!

Die Anreise erfolgt mit dem Bus 92B bis Raffineriestraße/Bieberhaufenweg oder mit dem Bus 93A bis zur Haltestelle Naufahrtbrücke.

59

Donauinsel
Startpunkt: U-Bahnstation
Donaustadtbrücke
A-1220 Wien
www.wien.gv.at

URLAUB IN DER GROSSSTADT
Donauinsel

Die unter den Wienern beliebte Donauinsel wurde in den 1980er-Jahren als Hochwasserschutz errichtet. Das künstliche Eiland ist 20 Kilometer lang und 300 Meter breit und teilt sich gestalterisch in drei Teile auf. Im Norden und Süden finden sich vermehrt Wälder und verwilderte Natur, im mittleren Teil ist ein Park mit Spielplätzen und Gastronomie angelegt. Die Insel ist so lang, dass sie neben dem Wiener Gemeindebezirk Donaustadt ebenso Floridsdorf kreuzt und sogar bis nach Klosterneuburg, also Niederösterreich hinausreicht.

Da auf der Insel weder öffentliche Verkehrsmittel noch Autos fahren, bietet sie ideale Voraussetzungen für viele Tier- und Pflanzenarten. Dafür wurden zahlreiche Biotope angelegt, eines der bekanntesten trägt den Namen *Toter Grund*, der deshalb auch unter Naturschutz steht. Um die Insektenvielfalt und somit die Nahrungskette vieler Tierarten zu erhalten, werden die Wiesen nur selten gemäht. Eine neue Methode wurde 2019 eingeführt, indem eine Schafsherde das Grünland beweidet, völlig ökologisch und geräuscharm.

Besonders beliebt ist die *Insel*, wie sie liebevoll von allen Bewohnern der Stadt genannt wird, für Freizeitaktivitäten. Mit Fahrrad und Inlineskates werden die gut asphaltierten Wege genutzt, um Sport und Zeit in der Natur zu vereinen. Im Sommer dient die nördliche *Küste* vor allem als Badestrand. Die Donau hat in diesem Bereich eine hohe Wasserqualität und ist neben all den Freibädern daher eine gelungene Alternative. Aber auch im Winter lädt das Areal zum Spazierengehen ein, in manchen Jahren war die Donau um diesen Bereich sogar so zugefroren, dass sich vereinzelt Menschen mit ihren Schlittschuhen aufs Eis getraut haben. Natürlich nur auf eigene Gefahr.

Abseits von Gastronomie und Hüpfburgen liegt der gemütlichste Platz gegenüber des Wakeboard-Lifts und der Station Donaustadtbrücke.

Mit der U1 bis zur Haltestelle Donauinsel oder mit der U2 bis Donaustadtbrücke.

60

Bio Feigenhof
Am Himmelreich 325
A-1100 Wien
+43 (0)664 4224480
www.feigenhof.at

EIN KRAFTPLATZ MIT GESCHMACK
Bio Feigenhof

Die Feige ist nicht gerade ein traditionelles heimisches Obst in Wien, trotzdem ist Simmering für ein Produkt ganz besonders bekannt: die Wiener Feige. Ursula Kujal und Harald Thiesz haben sich am östlichen Ende Wiens ein Stück Land gepachtet, um hier etwas Exotisches anzupflanzen. Der Garten wirkt wie eine kleine Oase zwischen all dem Ackerbau. Sattes Grün, blühende Rosen, Lavendel und mittendrin ein rotes Haus. So ist der Bio Feigenhof schon von weitem erkennbar.

Seit 2006 bewirtschaftet das Ehepaar die ein Hektar große Fläche mit einer Feigenplantage. Die oberste Priorität stand für beide fest: Bio-Qualität muss es sein. Außerdem wird Wert auf eine nachhaltige Stadtlandwirtschaft gesetzt. Obwohl viele der Pflanzen in Gewächshäusern großgezogen werden, wird auf die Heizung verzichtet. Im Winter gibt es kein frisches Obst und Gemüse, dafür umso mehr in der warmen Jahreszeit. Die Feigen können direkt nach der Ernte vernascht oder das ganze Jahr über eingekocht in Gläsern gekauft werden. Im Hofladen finden sich außerdem selbstgemachter Feigenbrand oder Feigenessig. Für den Eigenbedarf landet auch mal ein ganzer Feigenbaum im Einkaufskorb. Neben Bäumen und Früchten gibt es auch Kräuter in allen Formen und Farben oder Gemüse wie Tomaten, Artischocken, Mangold, Kürbis, Zucchini und alles was sonst noch im Garten wächst.

Zwei Mal die Woche öffnen Frau Kujal und Herr Thiesz ihren Garten für Besucher. Neben den eigenen Erzeugnissen gibt es im Hofladen zudem Bio-Brot von *Öfferl*, Schafskäse aus dem Burgenland und noch viele andere köstliche Produkte aus der Region. Ein Besuch beim Bio Feigenhof beschränkt sich aber nicht aufs Einkaufen. Es ist ein Erlebnis, bei dem man Kraft tanken und verweilen kann.

Private Führungen mit anschließender Verkostung können direkt beim Feigenhof gebucht werden.

Am einfachsten zu erreichen ist der Bio Feigenhof mit dem Bus 73A von der U-Bahn-Station Simmering bis zur Hörtengasse.

61

Wiener Zentralfriedhof
Startpunkt: Infopoint
Haupteingang: 2. Tor
Simmeringer Haupt-
straße 234
A-1110 Wien
+43 (0)1 5346928405
www.friedhoefewien.at

NATURBELASSENE GEDENKSTÄTTE
Zentralfriedhof

»Er hat die 71er genommen«, wurde lange Zeit in Wien über verstorbene Menschen gesagt. Denn die Straßenbahnlinie Nummer 71 war die einzige Verbindung zwischen Innerer Stadt und Zentralfriedhof. Heute ist der Zentralfriedhof einer der größten Friedhöfe Europas und zählt mit seinen architektonischen Meisterwerken im Jugendstil zu den wichtigsten Sehenswürdigkeiten Wiens. Mit einer Fläche von zweieinhalb Quadratkilometern ist der 1874 eröffnete Friedhof größer als der erste Bezirk.

Tatsächlich ist der Friedhof kein gewöhnliches Ausflugziel, er verbindet Architektur, Natur und Gedächtnisstätte in einem. Besonders beeindruckend ist die Kirche des Heiligen Karl Borromäus, die von dem Architekten Max Hegele entworfen wurde. Die Glasfenster und Mosaike der Jugendstil-Kirche wurden von dem Künstler Leopold Forstner kreiert.

Mit seiner enormen Größe und den vielen Grünflächen zählt der Zentralfriedhof zum geschützten Wiener Grüngürtel, der im Osten auch die Lobau und den Prater einschließt. Tatsächlich ist das Areal ein wichtiger Lebensraum für Flora und Fauna. Sehr beliebt bei den Besuchern sind die vielen zutraulichen Eichhörnchen, die liebevoll *Hansis* genannt werden. Hier und da kann man mit etwas Glück eines der Rehe erspähen, die sich meist in den verwachsenen Ecken des alten jüdischen Friedhofs wohl fühlen. Außerdem finden viele verschiedene Vogelarten und andere kleine Säugetiere auf dem weitläufigen Gelände Unterschlupf. Die Stadt Wien hat hierfür ein spezielles Umweltschutzprogramm gestartet, in dem zwar weiterhin die Alleen und einzelnen Gräber gepflegt werden, jedoch viele Flächen einfach der Natur überlassen werden, um so den Schutz dieser Tiere zu gewährleisten.

Einer der schönsten Flecken, wenn auch einer der traurigsten, ist der verwachsene, alte jüdische Friedhof.

Nehmen Sie die Straßenbahnlinie 11 oder 71 bis zur Haltestelle Zentralfriedhof zweites Tor und starten Sie von dort aus ihre Erkundungstour.

62

**Gugumuck Wiener
Schnecken Manufaktur**
Rosiwalgasse 44
A-1100 Wien
+43 (0)650 6185749
www.gugumuck.com

**Genossenschaft
Zukunftshof & Verein
Rothneusiedl**
Rosiwalgasse 41–43
A-1100 Wien
www.zukunftshof.at

ZUKUNFTSTRÄCHTIGE WEICHTIERE
Gugumuck – Wiener Schnecken Manufaktur

Im Süden der Stadt, zwischen Feldern und Industriegebiet, da kriechen die Schnecken. Hier wird eine alte Wiener Traditionsküche wiederbelebt und das mit Erfolg. Im 18. Jahrhundert galten Schnecken als die Fastenspeise schlechthin und auch außerhalb der Fastenzeit wurden sie gerne gegessen. Doch später fand das schleimige Tierchen keinen besonderen Anklang bei den Österreichern – bis jetzt.

Der Hof der Familie Gugumuck ist nachweißlich seit den 1720er-Jahren in Wien angesiedelt. Vom klassischen Ackerbau verabschiedete sich Andreas Gugumuck und fing an, Schnecken zu züchten. Die Weichtiere sind ein wahres Future Food, ihr Fleisch enthält viermal so viel Eiweiß wie die gleiche Menge vom Rind und sie brauchen 85 Prozent weniger Futter als die Paarhufer. Der Gugumuck-Hof versteht sich als nachhaltige Landwirtschaft. Die Weinbergschnecken wachsen ressourcenschonend auf, leben in Freilandhaltung und bekommen Futtermittel aus eigenem Anbau oder der unmittelbaren Umgebung.

Das ganze Jahr über können geniale, kulinarische Kreationen aus Weinbergschnecken im Kartoffelgulasch bis hin zum Schneckenkaviar im Hofladen gekauft werden. Mindestens zweimal im Monat besteht die Möglichkeit, ein Sieben-Gänge-Menü von Küchenchef Jürgen Winter im hofeigenen Bistro zu verköstigen. Eine frühzeitige Reservierung wird empfohlen, denn es gibt nur wenige Plätze und die sind heiß begehrt. Von Mai bis September finden regelmäßig Führungen durch die Schnecken-Zucht statt. In denselben Monaten ist zudem die Gartenbar eröffnet. Hier werden frisch zubereitete Weinbergschnecken mit Cocktails serviert. Auch der selbstgemachte Sirup mit den eigenen Gartenkräutern findet großen Anklang bei den Gästen. Für Vegetarier gibt es außerdem eine kleine, aber feine Auswahl auf der Speisekarte.

Am Nachbarshof entsteht gerade das nachhaltige Projekt *Zukunftshof*. Pioniere der Stadtlandwirtschaft wollen diese für alle erlebbar machen und bauen den Vierkanthof zu einem Treffpunkt für Nachbarn, Konsumenten und Landwirte um.

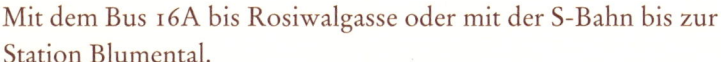

Mit dem Bus 16A bis Rosiwalgasse oder mit der S-Bahn bis zur Station Blumental.

63

Blumenwiesen sind für das Überleben von Bienen besonders wichtig und daher in der ganzen Stadt aufzufinden

Wienerberg
Startpunkt: August-Forel-Gasse
A-1100 Wien
www.wien.gv.at

Das Chadim
Friedrich-Adler-Weg 1
A-1100 Wien
+43 (0)1 6167898
www.das-chadim.at

RÜCKEROBERUNG DER NATUR
Erholungsgebiet Wienerberg

Zwischen all den grauen Häusern und den stark frequentierten Straßen stehen wir plötzlich am Eingang des Wienerbergs. Ein Meer aus saftigen Wiesen, grünen Wäldern und Teichen erstreckt sich vor uns. In weiter Ferne haben wir sogar Ausblick auf den Süden Wiens. Tatsächlich stehe ich auf einem kleinen Berg, denn beim Zugang über die August-Forel-Gasse erspare ich mir den Aufstieg und kann gelassen ins Tal hinunterblicken.

Die Geschichte des Wienerbergs ist nicht so glamourös wie sein heutiges Aussehen. Die Lehmvorkommen in diesem Gebiet wurden genauso von den Römern wie von den Habsburgern geschätzt, was schließlich zur Errichtung einer Ziegelei geführt hat. Nach dem Zweiten Weltkrieg wurde vermehrt Bauschutt und anderer Müll dort abgelagert. Erst in den 1970er-Jahren sah man den Müllberg im Süden Wiens als Problemkind der Stadt an und suchte im Rahmen eines Ideenwettbewerbs Konzepte, um dem Wienerberg neues Leben einzuhauchen.

Als Resultat des Wettbewerbs entstand in den 1980er-Jahren schließlich ein Naherholungsgebiet im dicht besiedelten zehnten Wiener Gemeindebezirk. Die geschützte Landschaft bietet heute Lebensraum für eine vielfältige Flora und Fauna. Rund um den Wienerbergteich wächst der größte Schilfbestand Wiens. Dieser bietet Nistmöglichkeit, Sicherheit und Nahrung für Vögel. Ein 14 Kilometer langes Wegenetz lockt Städter nach draußen, um Frischluft zu tanken, und nur die Hochhäuser in der Ferne erinnern einen daran, dass man sich eigentlich noch mitten in Wien befindet. Info-Schilder am Weg klären über die dort beheimatete Tier- und Pflanzenwelt auf. Neben Radfahrern und Joggern haben aber auch andere Athleten, wie etwa Volleyball- und Fußballspieler, auf vorgesehenen Plätzen genügend Raum für die sportliche Entfaltung. Rund um den großen Wienerberg-Teich laden besonders in den heißen Monaten die gemütlichen Liegewiesen Sonnenanbeter ein.

Im Restaurant *Das Chadim* kann neben dem Kastanien- und Stierofenteich regional und saisonal gespeist werden.

Mit der Straßenbahn O oder dem Bus 15A bis zur Raxstraße. Alternativ mit der Straßenbahn 11 oder dem Bus 16A bis Otto-Probst-Platz.

64

Wasserturm Favoriten
(Mai–Oktober)
Windtenstraße 3
A-1100 Wien
+43 (0)1 5995931073
www.wien.gv.at/wienwas-
ser/bildung/wasserturm

HISTORISCHE WASSERVERSORGUNG
Wasserturm Favoriten

Den Wasserturm Favoriten sieht man schon von Weitem, nicht umsonst ist er einer der prägnantesten Bauwerke im zehnten Bezirk. Für die Wasserversorgung ist er zwar heute nicht mehr verantwortlich, dafür öffnet er aber seine Türen für Ausstellungen und Führungen.

67 Meter ragt der Wasserturm neben dem Wienerberg empor. Wer einen Blick hinein werfen möchte, muss auf die Monate Mai bis Oktober warten. In diesem Zeitraum gibt es ständig wechselnde Kunstausstellungen zum Thema Wasser. Bei vielen Vernissagen besteht sogar die Möglichkeit, eine Führung durch Ausstellung und Turm zu bekommen und schließlich auf die 46 Meter hohe Aussichtsplattform zu gelangen. Wenn der 1899 erbaute Wasserturm geschlossen hat, lohnt sich dennoch ein Abstecher zum imposanten Gebäude im Stil des industriellen Historismus. Während Architektur-Begeisterte beim Anblick des denkmalgeschützten Turms auf ihre Kosten kommen, können Besucher, die sich für die Wasserversorgung Wiens interessieren, einem spannenden Audioguide zuhören. Über die kostenlose App *Hearonymus* erhalten Sie reichlich Informationen über den Wasserturm, die Wiener Wasserversorgung, das Hochquellwasser und die Brunnen der Stadt.

In den heißen Monaten lädt der große Park neben dem Wasserturm Kinder zum Spielen und Erfrischen ein. Am Wasserspielplatz mit Blick auf den Wasserturm garantieren allerhand nasse, aber auch trockene Spielgeräte einen Haufen Spaß. Daneben klären Informationstafeln über die Wasserversorgung der Stadt auf.

Der Turm wurde bis 1910 für den zehnten und zwölften Bezirk genutzt. Mittels dampfbetriebener Pumpen wurden die Vorräte in den 1.000 Kubikmeter großen Speicher gepumpt. Die Aufgabe des Favoritener Wahrzeichens wurde schließlich von der zweiten Hochquellwasserleitung übernommen.

Das Wiener Leitungswasser kommt aus den Alpen und hat höchste Trinkqualität.

Die Straßenbahnlinie 1, der Bus 15A sowie 65A bringt Interessierte zum Wasserturm. Ausstieg bei der Station Stefan-Fadinger-Platz.

65

Lafafi
Wurmbstraße 37
A-1120 Wien
+43 (0)1 9715600
www.lafafi.at

VEGETARISCH SCHLEMMEN
Bistro *Lafafi*

Gleich neben dem Bahnhof Meidling, in einer ruhigen Nebenstraße, befindet sich das gesunde Bistro *Lafafi*. Egal ob gerade mit dem Nachtzug angekommen, sich nach einem vollwertigen Frühstück sehnend oder eine Stärkung zwischen dem einen und dem anderen Sightseeing-Spot benötigt wird, im gemütlichen *Lafafi* ist man auf jeden Fall an der richtigen Adresse.

Monika und Michael Kriwan haben den Essladen 2015 gegründet und nach ihren drei Kindern Lara, Fabian und Fiona benannt. Der vegane Lebensstil der Kinder hat auf die Eltern abgefärbt und so kam es dazu, dass *Lafafi* von Anfang an als rein vegetarisches und biozertifiziertes Lokal geführt wurde. Mit Küchenchef Andreas hat das Team einen leidenschaftlichen Bio-Koch an Bord, der jeden Tag alle Mahlzeiten frisch zubereitet. Sein Markenzeichen ist die Gemüselasagne, die es sowohl vegetarisch als auch vegan gibt. Auf die Saison abgestimmt wird jeden Tag ein anderer Mittagstisch serviert, bei dem garantiert auch Veganer auf ihre Kosten kommen.

Vor allem das Frühstück ist bei den Gästen sehr beliebt. *Joseph Brot* mit Butter oder hausgemachtem Aufstrich, dazu Eier oder doch lieber Porridge und Müsli lassen den Tag schon gut starten. Dazu wird Kaffee oder Tee serviert und bei der Milch-Alternative kann aus dem vollen Spektrum gewählt werden. Außerdem haben Kuchen, Energiekugeln und Kekse Ihre Aufmerksamkeit verdient. Diese sind weizenfrei und kommen so gut es geht ohne Industriezucker aus. Glutenfreie und vegane Süßspeisen stehen ebenfalls zur Auswahl.

Im gemütlichen, ruhigen Innenhof, im kleinen Gastgarten am Gehweg oder im Bistro selbst kann entspannt gespeist und geplaudert werden. Jedes Gericht ist übrigens in umweltfreundlichen Verpackungen erhältlich, die das Mitnehmen leicht machen.

Beim Take-away spart man 20 Cent, wenn man seinen eigenen Behälter mitbringt.

Erreichbar mit der U6, der S-Bahn, der Straßenbahnlinie 62 und dem Bus 8A. Haltestelle: Meidling.

66

Asai
Rotenmühlgasse 7
A-1120 Wien
+43 (0)664 1066421
www.asai.at

GRÜSSE AUS DEM REGENWALD
Naturladen *Asai*

Dort wo im 15. Jahrhundert eine rote Mühle stand, findet man heute die Rotenmühlgasse und den kleinen, von außen eher unscheinbaren Naturladen *Asai*. Ein paar Stufen sind zu überwinden, bis man das kleine Reich der Kräuter, Früchte, Wurzeln und sogenannten Superfoods betritt. Eine Farbenvielfalt, eingehüllt in große Gläser und beschriftet mit exotisch klingenden Namen, sodass man meinen könnte, wir befänden uns in einem fernen Land.

Tatsächlich war es Frau Eveline Amorts Intention, die Vielfalt an naturbelassenen Pflanzen aus Ländern wie Peru oder Brasilien den Wienern zugänglich zu machen. Angefangen hat alles mit der Açaí-Beere, die sie gefroren für den Eigenbedarf nach Österreich einschiffen ließ. Die Nachfrage von Bekannten und Verwandten wurde so groß, dass 2009 eine Geschäftsidee und eine dauerhafte Kooperation mit Kleinbauern aus dem Amazonasgebiet entstand. Diese Zusammenarbeit soll dazu beitragen, den Regenwald zu schützen und ökologische Landwirtschaft in Brasilien zu unterstützen. Neben Açaí ist vor allem Graviola, der eine heilende Wirkung nachgesagt wird, ein Dauerbrenner in ihrem Laden. Daneben können Lebensmittel wie Kräuter und Wurzelpulver in Bio-Qualität in allen Maßeinheiten abgefüllt werden, auch gerne im eigenen mitgebrachten Behälter. Neben den dekorativen, bunt gefüllten Gläsern thronen die Tiefkühltruhen. Darin befinden sich gefrorene Früchtepürees aus Mango, Ananas oder Acerola. Eine herrliche Ergänzung für den Smoothie, darüber hinaus eignen sie sich an einem heißen Sommertag hervorragend als gesunde Eis-Alternative.

Wenn man Frau Amort danach fragt, wie sich eigentlich ihre Produktvielfalt zusammenstellt, dann verweist sie auf ihre Kundschaft. Von ihr lernt sie durch Gespräche in ihrem Laden immer wieder Neues über verschiedene Pflanzen, die sie anschließend unbedingt in das Sortiment aufnehmen möchte. Bei ihr gibt es beinahe alles, was es sonst nirgendwo in Wien zu kaufen gibt.

Die gesamte Ware gibt es auch im dazugehörigen Onlineshop zu kaufen.

Mit dem Bus 10A bis zur Bischoffgasse oder mit der U4 bis zur Meidlinger Hauptstraße.

67

Landmann's Jausen Station
(März–Oktober)
Schönbrunner Schlosspark
A-1130 Wien
+43 (0)1 24100380
www.landtmann-jausen-station.at

SPEISEN IN KAISERS GARTEN
Landmann's Jausen Station

Im Schlossgarten von Schönbrunn steht vor märchenhafter Kulisse ein Pavillon. Mit dem Ende der Monarchie 1918 wurde aus dem kleinen Gebäude ein Café. Diese Funktion blieb bis heute erhalten. Seit 2013 sorgt die Familie Querfeld für das Leib und Wohl der Gäste in der ehemaligen Meierei. Neben der bezaubernden Umgebung, spricht aber auch die Speise- und Getränkekarte für sich. Das Brot kommt von der Bio-Bäckerei *Öfferl*, Kräuter wachsen direkt nebenan im Kronprinzengarten, in der Küche wird viel Wert auf biologische und saisonale Produkte gelegt und der Großteil der Lebensmittel wird regional aus Wien oder der Umgebung bezogen. Morgens lockt eine ausgezeichnete Bio-Eierspeise in den Pavillon. Zu Mittag kehrt man für Frittatensuppe und Käsebrote ein und am Nachmittag passt am besten eine handgemachte Mehlspeise mit einem Kaffee oder Bio-Tee. Herrlich ist es hier aber auch bei Sonnenuntergang im Sommer zum Beispiel mit einer hausgemachten Limonade.

Die Jausenstation liegt in Luftlinie zwischen Meidlinger Tor und den Römischen Ruinen versteckt hinter allerhand Bäumen. Nicht unweit von der Jausenstation entfernt hält der Garten einige Überraschungen bereit. Plötzlich findet sich da der Schöne Brunnen, der im 15. Jahrhundert Namensgeber für das Areal war, dann taucht plötzlich ein gut versteckter Herkules auf, der gegen Cerberus, den dreiköpfigen Höllenhund, kämpft.

Zur Zeit Maria Theresias wurde in diesem Teil des Gartens noch gegärtnert und Bedienstete haben allerhand Gemüse und Obst für die Kaiserfamilie groß gezogen. Mit der Geburt des Erzherzogs Franz Josef wurde im 19. Jahrhundert ein Kinderspielplatz für den zukünftigen Kaiser und seine Brüder eingerichtet. Hier konnten die Kinder nicht nur das Exerzieren lernen, sondern auch mit ihren Pferden reiten, sich verkleiden und Abfangen spielen.

Achtung, der Pavillon ist von Mitte Oktober bis Mitte März geschlossen.

Die Anfahrt erfolgt mit der U4 oder dem Bus 10A bis Schönbrunn.

68

**Kindermuseum Schloss
Schönbrunn**
Schloss Schönbrunn
A-1130 Wien
+43 (0)1 81113344
www.kaiserkinder.at

KAISERLICHEN ALLTAG ENTDECKEN
Kindermuseum Schloss Schönbrunn

Flohfallen, Zahnbürsten aus Elfenbein, Mehl im Haar, Nachttopf und Suppe zum Frühstück. Hört sich skurril an? So sah jedoch der Alltag am Wiener Kaiserhof im 18. Jahrhundert aus. Während Maria Theresia mit ihrer Kaiserfamilie das Schloss Schönbrunn bewohnte, galten noch andere Regeln der Hygiene, Mode oder Ernährung. Im Kindermuseum Schloss Schönbrunn werden diese außergewöhnlichen Geschichten kindgerecht vermittelt, aber auch den Erwachsenen wird dabei garantiert nicht langweilig.

Neben dem Museum mit interessanten Exponaten und sogenannten Hands-On-Stationen gibt es an den Wochenenden, Feiertagen und schulfreien Tagen ständig wechselnde Themenführungen. In den einzelnen Räumlichkeiten wird besonders viel Wert auf Materialien gelegt, die auch im 18. Jahrhundert schon verwendet wurden, wie beispielweise Holz, Metall oder verschiedene Textilien. Diese Materialien machen vor allem im Spielzeugzimmer den kleinen Gästen Spaß und lassen Videokonsolen, Handys oder Tablets schnell in Vergessenheit geraten. Wer ganz im Sinne der Nachhaltigkeit auf der Suche nach altbewährten Alltagsgegenständen aus längst vergangenen Zeiten ist, findet hier bestimmt Inspiration. Darüber hinaus gibt es ein großes Verkleidungseck für die kleinen, aber auch großen Besucher. Ganz im barocken Stil kann man sich als Kaiserin, König, Diener oder Gesandter verkleiden und sich schließlich gegenseitig fotografieren.

Wer nach der Schlossbesichtigung noch genug Energie hat, kann in den Monaten April bis Oktober im Irrgarten des Schlossparks seine Orientierung und sein Durchhaltevermögen testen. Neben dem Irrgarten beinhaltet das kleine Areal mit eigenem Eingangsbereich auch ein Labyrinthikon und einen aufregenden Spielplatz.

An der Kassa nach einem Kombinationsticket für Kindermuseum und Irrgarten fragen.

Mit der Straßenbahnlinie 10, 52 oder 60 bis Schloss Schönbrunn, oder der U4 bis Schönbrunn.

69

Im Lainzer Tiergarten sind die Rehe in der Nähe des Lainzer Tors eine besondere Attraktion

Lainzer Tiergarten
Startpunkt: Besucher-zentrum/Lainzer Tor
Hermesstraße
A-1130 Wien
+43 (0)1 400049200
www.lainzer-tiergarten.at

WO DAS WILD ZU HAUSE IST

Lainzer Tiergarten

Der Lainzer Tiergarten ist eine grüne Oase für Mensch und Tier und keinesfalls vergleichbar mit einem klassischen Zoo. Einige Säugetiere kann man in der Nähe der Hermesvilla in großen eingezäunten Arealen beobachten, aber die Wildtiere im Wald, wie etwa Hirsche oder Wildschweine, bekommt man nur mit sehr viel Geduld zu Gesicht. Nicht selten verirrt sich ein sogenanntes Schwarzwild auf die Picknickwiese und sorgt dann für etwas Aufregung unter den Besuchern, so ein Erlebnis vergisst man nie wieder. Trotzdem ist bei Begegnungen mit den Tieren auf jeden Fall Vorsicht geboten und der notwendige Abstand einzuhalten. Auch das Vogelbeobachten lohnt sich im Tiergarten, denn hier leben 94 verschiedene Arten, darunter Greifvögel, Spechte und Käuze.

Der Lainzer Tiergarten ist einer der ältesten Tiergärten Europas. Die erste urkundliche Erwähnung geht bereits auf das 13. Jahrhundert zurück, später diente das Gebiet des östlichen Wienerwalds im Westen der Stadt als Jagdrevier der Kaiserfamilie. Im 18. Jahrhundert wurde im Auftrag des Kaisers Joseph II. eine 22 Kilometer lange Mauer rund um das 2.450 Hektar große Gebiet gebaut, die noch teilweise existiert. Ende des 19. Jahrhunderts wurde im Auftrag Kaiser Franz Josephs II. die Hermesvilla für seine Ehefrau Elisabeth errichtet. Heute kann man in der Hermesvilla, die vom Ringstraßen-Architekt Carl von Hasenauer entworfen wurde, die privaten Räumlichkeiten der Kaiserfamilie in einer Dauerausstellung begutachten.

Während und nach dem Zweiten Weltkrieg wurde im Gebiet des Lainzer Tiergartens viel abgeholzt, schließlich wurde der Wald sich selbst überlassen. Erst 1988 wurde der Tiergarten zum Naturschutzgebiet erklärt und dient seither Wissenschaftlern wegen seiner Arten- und Pflanzenvielfalt auch zu Forschungszwecken.

Kräuterliebhaber können sich für eine der Kräuterwanderungen im Besucherzentrum anmelden.

Erreichbar mit dem Bus 56B, Ausstieg Lainzer Tor.

70

Villa Erbse Bio Imkerei
Franz Graßler Gasse 16
A-1230 Wien
+43 (0)699 17331337
www.villaerbse.at

HONIG SCHÜTZT UND SCHMECKT
Villa Erbse Bio Imkerei

Mit viel Leidenschaft und Kreativität kreieren Martin und Verena einzigartigen Honig am Rande von Wien in der Villa Erbse. Egal ob klassischer Blüten- oder Cremehonig, oder doch lieber experimentelle Sorten mit Kürbiskern und Vanille oder Pfeffer und Rose – alle, die es gerne süß haben, kommen hier bestimmt auf ihre Kosten.

Nach vielen Jahren Arbeit in der Gastronomie hat Martin erkannt, dass es das Hobby seines Vaters ist, das ihm beruflich mehr zusagt. Die Bienenstöcke im Garten der Villa Erbse stehen nämlich schon seit Generationen und das Leben zwischen Waben und fleißigen Bienchen war für den Wiener von klein auf selbstverständlich. 2013 hat er also seinen Job als Barmann an den Nagel gehängt und sich seiner Imker-Ausbildung gewidmet. Seit 2017 führt er die Bio-Imkerei gemeinsam mit seiner Frau Verena. Die Erfahrung Cocktails zu mischen kommt ihm aber auch in der Imkerei zugute. Denn warum nicht einfach hochwertige Produkte mit dem Bio-Honig in etwas Neues verwandeln? Die Idee, Kräuter, Gewürze, Nüsse und Früchte mit dem Honig zu vermengen, macht absolut Sinn und die Ergebnisse sollten deshalb unbedingt probiert werden.

Von Anfang an war für das Ehepaar klar, es muss alles nach Bio-Standard produziert werden. Insektenschutz steht für Martin an erster Stelle und wenn dabei noch richtig leckerer Honig rauskommt, ist das natürlich doppelt so gut. Über 200 Bienenstöcke sind in Wien und Niederösterreich für die Villa Erbse in Betrieb. Selbst im Garten der Villa summen die Bienen und sammeln fleißig den köstlichen Nektar. Wer gerne Honig erwerben möchte, kommt auf gut Glück vorbei und läutet an. Kündigt man sich vorher telefonisch an, ist man aber auf jeden Fall auf der sicheren Seite.

Den Honig gibt es auch über *www.markta.at* oder bei Interspar in Wien zu kaufen.

Für einen Besuch in der Villa Erbse nimmt man die Straßenbahnlinie 60 oder den Bus 56A bis zur Franz-Asenbauer-Gasse.

71

Heuriger Steinklammer
Jesuitensteig 28
A-1230 Wien
+43 (0)1 8882229
www.heuriger.co.at

TRADITIONELLER WIENER WEIN
Heuriger Steinklammer

Unter den Liesingern ist der Heuriger Steinklammer schon lange kein Geheimtipp mehr. Heißt es einmal »aus'gsteckt ist«, was auf die Öffnungszeiten des Weinguts hinweist, ist der Gastgarten und die Gaststube schon wieder gut gefüllt. Seit 300 Jahren produziert die Familie Steinklammer Wein und der war damals schon so beliebt, dass der Kuhstall kurzerhand zum Stüberl umfunktioniert werden musste.

Mittlerweile wird der Heurige in der zehnten Generation geführt. Die Trauben wachsen im Grätzl Mauer nicht weit vom Heurigen entfernt und sind inzwischen biozertifiziert. Aber auch in Floridsdorf am Bisamberg bewirtschaftet die Familie ein Weingut. Hier entsteht ein ganz besonderer Wein, der *Wiener Gemischte Satz*, in dem verschiedene weiße und rote Rebsorten miteinander vereint werden. Dafür erhielt die Familie Steinklammer das Slow-Food-Prädikat, das traditionelle, nachhaltige und faire Produktion auszeichnet.

Bei den Gästen werden der gute Wein, das klassisch wienerische Essen und die gemütliche Atmosphäre, egal ob im verwachsenen Gastgarten oder in der urigen Stube, sehr geschätzt. Kulinarisch gibt es hier alles, was das Heuriger-Herz höherschlagen lässt: Vom Backhändel über Schweinsbraten mit Kraut und Knödel zu Szegediner Krautfleisch wird einiges geboten. Helene Fuchs-Steinklammer legt Wert auf hochwertige Lebensmittel, daher kommt bei ihr im Heurigen nur Bio-Fleisch von der Fleischerei Hödl auf den Teller. In den letzten Jahren wurde aufgrund der Nachfrage von vor allem jüngerem Publikum auch das Angebot an vegetarischen Speisen ausgebaut. So gibt es jeden Tag ein Mittagsmenü, bei dem zwischen einem fleischhaltigen und einem vegetarischen Gericht gewählt werden kann. Saisonal kommen zudem Bärlauch, Spargel, Pilze und Kürbis auf den Tisch.

Da die Öffnungszeiten variieren, lohnt es sich, einen Blick auf die Website zu werfen.

Nehmen Sie die Straßenbahnlinie 60, den Bus 56A oder 60A bis zur Station Maurer Hauptplatz.

Maurer Wald
Startpunkt: Parkplatz
Pappelteich
Am Ende der Anton-
Krieger-Gasse
A-1230 Wien

Wotruba-Kirche
Ottillingerplatz 1
A-1230 Wien
www.georgenberg.at

NATUR ERLEBEN
Maurer Wald

Am Rande von Wien, im 23. Wiener Gemeindebezirk, liegt der Maurer Wald. Wenn man nicht selbst im Südwesten der Stadt wohnt, kommt man wohl kaum in Berührung mit dieser fast abgeschiedenen Gegend. Schade eigentlich, denn der Maurer Wald ist nicht nur ein Ort zum Entspannen, sondern bietet vor allem Kindern allerhand in der Natur zu entdecken.

Wegen seiner Arten- und Pflanzenvielfalt gehört der Maurerwald zum europäischen Schutzgebiet *Natura 2000*. Die Kombination aus Wald, verschiedenen Feuchtgebieten und Untergründen bietet sicheren Unterschlupf und Nährboden für seltene Tiere und Pflanzen. Amphibien wie die Mauereidechse, Erdkröte oder der Alpen-Kammmolch faszinieren Kinder wie Erwachsene. Ein besonders beliebter Platz, um Amphibien und andere Tierchen zu beobachten, ist das ehemalige Militärschwimmbecken, der *Pappelteich*. Als ich bei meinem letzten Spaziergang dort war, saßen einige Kinder um den Teich herum, fischten ab und zu etwas aus dem Wasser, schauten es an und ließen es dann wieder zurück sinken. »Tiere in der Natur sind so wunderschön«, habe ich einen Buben sagen hören.

Der Wald erweckt den Eindruck, dass hier eine ganze Schar von Pfadfinderkindern lebt, so viele provisorisch gebaute Unterschlüpfe entdeckt man auf Spaziergängen. Tatsächlich macht es der Wald einem sehr einfach, kreativ zu werden. Äste und große Baumstämme sind leicht zu finden und bieten deshalb den perfekten natürlichen Spielraum für Kinder. Die Forstarbeit wird von kräftigen Pferden übernommen. Diese ziehen die gefällten Bäume aus dem Wald, denn die Arbeit mit Pferden ist ökologischer und für den Boden schonender als mit modernen Maschinen. Um den Wald fit für die Zukunft zu machen, wird auf einen großen Bestand von Tannen und Eichen gesetzt, denn diese Baumarten können auch bei längeren Trockenperioden das Wasser tief aus dem Boden ziehen.

Am Rande des Waldes steht die aus Beton-Blöcken gebaute Wotruba-Kirche, die einen Abstecher wert ist.

Nehmen Sie den Bus 60A bis zur Lindauergasse oder die Straßenbahnlinie 60 bis Maurer Lange Gasse.

73

**Technisches Museum
Wien
mit Österreichischer
Mediathek**
Mariahilfer Straße 212
A-1140 Wien
+43 (0)1 899980
www.technischesmuse-
um.at

WISSEN ZUM ANFASSEN
Technisches Museum Wien

Das Technische Museum Wien (TMW) wurde 1909 zu Ehren Kaiser Franz Josephs erbaut. Die Architekten Emil von Förster und später Hans Schneider haben den Bau im Stile des Historismus als eines der ersten wichtigen Stahlbetongebäude in Österreich errichten lassen. Seit den Umbauarbeiten während der 1990er-Jahre bietet das Museum nun auf 28.500 Quadratmetern Platz für technische Exponate.

Heute strahlt das Museum mit modernen und frischen Konzepten. Das Team rund um das TMW hat sich die 17 Ziele der nachhaltigen Entwicklung der UNO als Anlass genommen, um genau diese Inhalte im Museum zu vermitteln. Schwerpunkte wie Geschlechtergleichheit, sauberes Wasser, erneuerbare Energie oder nachhaltige Städte werden in Sonder- und Dauerausstellungen integriert.

Die Vermittlung von technischen Konzepten ist die Hauptaufgabe des TMW und diese erfüllt es spielerisch und interaktiv, weshalb das Museum vor allem für Familien, Schülergruppen, aber auch neugierige Erwachsene ein Highlight ist.

Wer schon immer einmal wissen wollte, wie Energiegewinnung funktioniert, der kann dies an den diversen Hands-On-Stationen im Erdgeschoss lernen. Eine eigene Ausstellung befasst sich mit den verschiedenen Methoden der Stromerzeugung. Erneuerbare Energie spielt dabei eine große Rolle, genauso wie die kritische Auseinandersetzung damit. Ein eigener Abschnitt macht auf die Problematik mit Erdöl und Kunststoff aufmerksam. Bei einer Führung zum Thema können Kinder Mikroplastik aus dem Wasser fischen. Im oberen Stockwerk werden Bereiche aus dem Alltag den Besuchern nähergebracht. Wasserversorgung sowie Müllentsorgen nehmen dabei mit gutem Grund viel Raum ein: Wie sieht Kunststoff und Metall beim Zerfall aus und was passiert eigentlich mit dem ganzen Plastikmüll, den wir entsorgen? Fragen wie diese werden anschaulich beantwortet.

Im *Tech-Lab* können Kinder und Jugendliche ihrer Kreativität mit 3D-Druckern und Co. freien Lauf lassen.

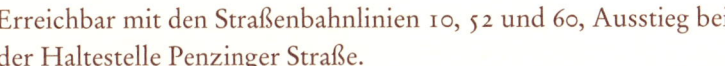

Erreichbar mit den Straßenbahnlinien 10, 52 und 60, Ausstieg bei der Haltestelle Penzinger Straße.

74

Velobis
Johnstraße 1–3/
Linzerstraße 2
A-1140 Wien
+43 (0)1 7863980
www.velobis.com

TAUSCHE LENKRAD GEGEN GABEL
Bistro und Fahrradwerkstatt *Velobis*

Nur ein Katzensprung entfernt vom Schloss Schönbrunn befindet sich die Fahrradwerkstatt und das Bistro *Velobis*. Bevor man tiefer in den Bezirk Penzing vordringt, sollte der Blick noch ein letztes Mal über das grüne Areal von Schönbrunn schweifen. Irgendwo in der Ferne steht die *Gloriette*, der ehemalige Frühstückspavillon der Kaiserfamilie. Nicht umsonst war in der Ecke Linzerstraße/Johnstraße zu Beginn des 20. Jahrhunderts das *Gloriette Kino* anzufinden, wo Western-Filme und familientaugliche Komödien bis zur Jahrhundertwende ihr Publikum anlockten.

Heute befinden sich in den ehemaligen Kinosälen eine Fahrradwerkstatt und ein Bistro – wo der Anfang vom einen und das Ende vom anderen ist, liegt im Auge des Betrachters. Wer ein neues Fahrrad braucht oder sein altes reparieren lassen möchte, ist im *Velobis* genau richtig. Egal ob Kinder-Laufrad oder professionelles Mountainbike, für jeden ist etwas dabei.

Wenn man den Sattel gegen einen Stuhl und das Lenkrad gegen Besteck tauschen möchte, dann ist Platz nehmen angesagt. An den Wänden hängen Fahrräder, Gemälde und Girlanden. Neben dem gemütlichen Ambiente erhöht die herzliche Bewirtung den Wohlfühlfaktor bei den Gästen. Die *Velobis*-Küche ist genauso vielfältig und innovativ wie das ganze Konzept des ehemaligen Kino-Gebäudes. Wegen der Wertschätzung von regionaler und saisonaler Bio-Küche wechseln die Speisen auf der Karte ständig. Neben afrikanischen Einflüssen sind vor allem Wildspezialitäten fast schon das Markenzeichen des *Velobis*-Bistros. Daneben gibt's zumindest immer eine vegane Hauptspeise.

Das *Velobis* ist mit seiner Nähe zu Schönbrunn beinahe ein Geheimtipp für Touristen. Egal ob für ein ausgedehntes Frühstück am Wochenende, das Feierabendbier oder um einfach sein Fahrrad reparieren zu lassen.

Für eine Erfrischung zum Mitnehmen gibt es in den Sommermonaten natürliche Eis-Creme.

Erreichbar mit der Straßenbahnlinie 10 und 52 oder dem Bus 10A, Ausstieg Linzer Straße/Johnstraße.

75

Erholungsgebiet Paradies
Startpunkt: Ecke
Hüttelbergstraße/
Freyenthurmgasse
A-1140 Wien
www.wien.gv.at

**Ernst Fuchs Museum in
der Otto Wagner Villa**
Hüttelbergstraße 26
A-1140 Wien
+43 (0)1 9148575
www.ernstfuchsmuseum.at

WO DER WALD EIN SPIELPLATZ IST

Erholungsgebiet Paradies mit Ernst Fuchs Museum

Die Wälder und Wiesen befinden sich vorrangig in den äußeren Bezirken der Stadt und bilden somit den Wiener Grüngürtel. Dieses geschützte Wald- und Wiesenareal ist wichtiger Bestandteil der Metropole und macht Wien unter anderem deshalb zu einer der lebenswertesten Städte der Welt. Im Bezirk Penzing gehört mehr als die Hälfte der Fläche zu diesem Schutzgebiet. Dass man hier besonders gut spazieren gehen und wandern kann, steht außer Frage.

Das kleine Erholungsgebiet Paradies ist eine grüne Oase. Erst seit 2010 sind der Wald und die Wege wieder für die Öffentlichkeit zugänglich. Rauf und runter folgt man den Wegen durch den dicht bewachsenen Wald. Mit Glück entdeckt man Hirschkäfer, Rehe, Wildschweine oder sogar Füchse. Oder man kommt an einer Schafweide vorbei und beobachtet Imker bei ihrer Arbeit. Irgendwie fühlt es sich wie ein Kurzurlaub auf dem Land an. Aber hat man erst einmal den Aufstieg zum Aussichtspunkt geschafft, macht der Blick auf den 14. Bezirk wieder bewusst, dass man sich noch immer in einer Millionenmetropole befindet. Das Highlight für Kinder ist wohl der rund 1.000 Quadratmeter große Waldspielplatz mit riesengroßem Piratenschiff, Kletterturm, Sandkiste, Rutsche und anderen lustigen Spielmöglichkeiten. Holzbänke laden im Gelände immer wieder zum Verweilen oder Picknicken ein.

Am Rande des Erholungsgebiets Paradies steht das Ernst Fuchs Museum, das in der prunkvollen Sommerresidenz von Otto Wagner untergebracht wurde. Die sogenannte Otto-Wagner-Villa wurde 1888 erbaut und zu Beginn des 20. Jahrhunderts zum Treffpunkt vieler Künstler rund um die Wiener Moderne. Das imposante Gebäude im Jugendstil ist auf jeden Fall einen Abstecher wert, wenn man sich schon mal in der Gegend befindet.

Im Park gibt es keine Einkehrmöglichkeit – Jause am besten selbst mitbringen.

Die Anfahrt erfolgt mit den Bussen 43B, 52A oder 52B, Ausstieg bei der Station Freyenthurmgasse.

76

Hollerei
Hollergasse 9
A-1150 Wien
+43 (0)1 8923356
www.hollerei.at

Hollerei Galerie
Hollergasse 12
A-1150 Wien
+43 (0)699 17021700
www.hollerei-galerie.at

KUNST UND KULINARIK
Restaurant *Hollerei*

Nicht weit vom Schloss Schönbrunn befindet sich die Hollergasse, die aufgrund ihrer vielen Hollerstauden in den vergangenen Jahrhunderten ihren Namen erhielt. Hier lockt ein gemütlicher verwachsener Schanigarten in das Restaurant mit Gasthauscharme. Die *Hollerei* verköstigt schon seit Jahrzehnten ihre Gäste mit vegetarischen und veganen Gerichten, die von traditionellen österreichischen bis orientalischen Speisen geschmacklich den ganzen Globus abdecken.

Besonderes Augenmerk wird auf eine saisonale Küche gelegt, weshalb sich die Speisekarte alle paar Monate komplett ändert. Außerdem werden zum Großteil Bio-Lebensmittel für die Zubereitung der Gerichte verwendet. Ein abwechslungsreiches und günstiges Mittagsmenü gibt es immer werktags bis in den Nachmittag hinein. Daneben steht eine bunte Vielfalt an asiatischen, österreichischen oder mediterranen Gerichten auf der Speisekarte zur Auswahl. Bei Nachfrage lassen sich viele vegetarische Gerichte ebenso in rein pflanzlicher Variante ordern. Neben dem normalen Betrieb zum Mittag- und Abendessen öffnet die *Hollerei* jeden Samstag, Sonntag und Feiertag bereits vormittags ihre Pforten und lädt zum ausgiebigen Frühstück. Ob ein klassisches Wiener Frühstück, ein herzhaftes veganes Frühstück oder das in Wien schon fast obligatorische orientalische Frühstück – hier geht keiner hungrig nach Hause.

Das sonst sehr simpel eingerichtete Restaurant bietet neben dem Gaumenschmaus auch für die Augen eine Bereicherung. Die *Hollerei* zeigt in regelmäßigen Abständen wechselnde Ausstellungen von ausgewählten Kunstschaffenden. Dabei ist den Inhabern vor allem wichtig, dass diese leistbar für angehende Sammler sein sollen. Wer davon noch nicht genug hat, kann gegenüber des Restaurants in der gleichnamigen Galerie vorbeischauen.

Damit man nichts auf der Speisekarte verpasst, sollte die Wahl auf die *Gustovariation* fallen.

Erreichbar mit der U4, Ausstieg Meidling Hauptstraße.

77

Unverschwendet
Schwendermarkt Stand 18
A-1150 Wien
+43 (0)660 3934280
www.unverschwendet.at

GERETTETE LEBENSMITTEL IM GLAS
Geschäft *Unverschwendet*

Wir befinden uns am Schwendermarkt, einem der ältesten Märkte Wiens. Und auch wenn er eher zu den übersichtlichen, kleineren Märkten gehört, sind hier besondere Standler mit durchaus interessanten Produkten angesiedelt. Der kleine Laden *Unverschwendet* ist einer davon.

Wie der Name schon verrät, dreht sich im Geschäft *Unverschwendet* alles darum, möglichst nichts zu verschwenden. Im Scheinwerferlicht stehen dabei Obst und Gemüse, das bei Landwirten als Überschuss anfällt. Lebensmittel, die normalerweise im Müll landen, weil sie aufgrund des Aussehens nicht der Norm entsprechen, weil sie gerade nicht zur Saison passen, weil keiner die Ernte übernehmen möchte oder weil bei der Planung etwas schiefgelaufen ist.

Die Verschwendung von Nahrungsmitteln zählt zu den großen Klimasünden unserer Gesellschaft. Rund 30 Prozent davon fallen direkt beim Produzenten an. Die Geschwister Cornelia und Andreas Diesenreiter haben sich diesem Problem angenommen und zaubern aus geretteten Lebensmitteln köstliche Marmeladen, Chutneys, Sirupe, ja sogar Spirituosen. Melonen, Tomaten, Erdbeeren und Co. werden von den beiden direkt bei den Landwirten abgeholt, wenn Überschuss anfällt. So konnten bereits mehr als 1.000 Tonnen Obst und Gemüse gerettet werden. Egal ob nach traditionellen Rezepten von den Großeltern oder ausgefallene neue Kreationen: Jedes Produkt ist ein kulinarisches Highlight. Besonders beliebt ist der Wassermelonen-Pfeffer-Sirup oder die Marille-Vanille-Marmelade.

Der kleine Laden am Schwendermarkt bietet eine große Auswahl an unterschiedlichen geretteten Lebensmitteln in Gläsern an. Da ist garantiert für jeden Geschmack etwas dabei und das gute Gewissen bekommt man obendrein geschenkt.

Die Produkte können auch im Onlineshop erworben werden.

Mit den Straßenbahnlinien 52 und 60 lässt sich der Schwendermarkt am besten erreichen. Ausstieg bei der Station Rustengasse.

78

Boutiquehotel Stadthalle
Hackengasse 20
A-1150 Wien
+43 (0)1 9824272
www.hotelstadthalle.at

SCHLAFEN MIT GUTEM GEWISSEN
Boutiquehotel Stadthalle

Eines der wenigen Bio-Hotels Wiens befindet sich im 15. Wiener Gemeindebezirk, nicht unweit vom Namensgeber, der Stadthalle, entfernt. Das von außen unauffällige Hotel legt aber nicht nur Wert auf Bio-Produkte, sondern ist auch das erste Stadthotel mit einer Null-Energie-Bilanz. Das bedeutet, dass hier durch stromsparende Maßnahmen, von denen die Gäste jedoch nichts mitbekommen, und durch Solar- und Photovoltaikanlagen der eigene Strom- und Warmwasserbedarf gedeckt wird. Die Energieproduktion ist nur so hoch wie der Eigenverbrauch des Hotels.

Im Innenhof eröffnet sich eine kleine Oase. Im Sommer klettert Efeu die Mauern empor, die Bäume spenden Schatten und das Rascheln der Blätter vermittelt das Gefühl, fern einer Großstadt zu sein. Bei einer Tasse Bio-Tee kann man die Kulisse im Innenhof auf sich wirken lassen. Oben am Dach blüht der Lavendel, der nicht nur für einen angenehmen Duft sorgt, sondern auch Nahrung für ganz besondere Bewohner, nämlich die Bienen, bietet.

Geschlafen wird im Stammhaus, das auf die Jahrhundertwende zurückgeht, oder im Passivhaus, das 2009 fertiggestellt wurde. Egal wo man untergebracht ist, fair produzierte Matratzen aus Österreich, innovative Upcycling-Dekoration und nachhaltige Möbel sorgen für den gemütlichen Komfort.

Umweltschutz hat neben der Gästebetreuung oberste Priorität, daher entwickelt sich das Boutiquehotel immer weiter und versucht ständig, seinen ökologischen Fußabdruck noch kleiner zu halten. Beispielsweise mittels eines Bio-Kaffees, der extra mit dem Segelboot aus Südamerika gebracht wird. Hier kommen wir auch schon zum Stichwort Frühstück, das nicht nur für Hotelbewohner, sondern genauso für externe Gäste offensteht. Das reichhaltige Bio-Frühstück bietet zudem für Veganer und Allergiker eine große Auswahl an Alternativen.

Lavendelprodukte und Honig vom Dach können direkt im Hotel erworben werden.

Die Straßenbahnlinie 9 oder 49 fährt Sie bis zur Station Beingasse. Alternativ erreichen Sie das Hotel mit der U6, Ausstieg bei der Station Burggasse-Stadthalle.

79

Leila Wien
Grundsteingasse 20
A-1160 Wien
www.leila.wien

RESSOURCEN TEILEN UND SCHONEN

Leila Wien – Bibliothek der Dinge

In Deutschland ist der eine oder andere Leih-Laden vielleicht schon bekannt. In Österreich ist das Konzept noch neu, aber findet gerade im Grätzl rund um den Brunnenmarkt besondere Beliebtheit. Aus einer Ideologie heraus haben die Vereinsgründer die Idee von *Leila Berlin* nach Wien geholt. Mittlerweile hat ein neues Team übernommen, das hochmotiviert die Sache in Angriff nimmt.

Warum können seit Jahrhunderten Bücher ausgeliehen werden, während es keine vergleichbare Plattform rund um den Verleih für Dinge gibt? Dabei muss doch nicht jeder einen Akkubohrer, eine Campingausrüstung oder eine Trompete zu Hause haben. Wenn Werkzeuge, Musikinstrumente und Kamera-Equipment geteilt werden, können automatisch Ressourcen gespart werden und es entsteht Platz für die wichtigen Dinge zu Hause. *Leila Wien* ist erst vor wenigen Jahren, durch Crowdfunding unterstützt, in den 16. Bezirk übersiedelt. Das Team hinter dem Leih-Laden arbeitet komplett freiwillig und freut sich, dabei das Viertel beim Ressourcen sparen und nachhaltigen Umdenken zu unterstützen. Die Dinge tragen sich zum größten Teil aus freiwilligen Spenden und Leihgaben zusammen. Wenn die Nachfrage groß ist, wird aber auch mal in eine Neuanschaffung für *Leila* investiert.

Ausleihen geht ganz einfach: Einmal auf der Website registriert, wählt man das gewünschte Produkt aus und reserviert es. Anschließend kann es während der Öffnungszeiten abgeholt und wieder dort retour gebracht werden. Bezahlt wird pro Tag. In der Bibliothek der Dinge findet jeder etwas, egal ob Wiener oder Tourist. Zum Beispiel ein Zelt, einen Gaskocher für das nächste Campingabendteuer, oder wie wär's mit Outdoorspielen wie Boccia, Kegeln zum Jonglieren oder ein Diabolo.

Sie können ebenso während der Öffnungszeiten vorbeikommen und auf gut Glück spontan ausleihen.

Nehmen Sie die Straßenbahnlinie 46 oder die U6 bis zur Station Thaliastraße. Von hier aus sind es nur ein paar Minuten Fußweg bis zum Leihladen.

80

Am **Yppenplatz**
befindet sich das
Wirr am Brunnenmarkt
Brunnenmarkt Stand 157
Ecke Brunnengasse/
Schellhammergasse
A-1160 Wien
+43 (0)1 4023098

STAUD'S Pavillon
Brunnenmarkt 156
A-1160 Wien
+43 (0)1 40688050
www.stauds.com

DER GESELLIGSTE PLATZ WIENS
Yppenplatz

Direkt anschließend an den längsten Markt Wiens, den Brunnenmarkt, befindet sich der Yppenplatz. Er ist das Herzstück des 16. Bezirks und wohl der bunteste und geselligste Platz in der ganzen Stadt. Egal ob zum Frühstück, fürs schnelle Mittagessen oder um den Abend ausklingen zu lassen, die Gastronomieszene ist hier besonders vielfältig und hat für alle Geschmäcker was zu bieten.

Die Schanigärten inmitten des Platzes laden an lauen Abenden zum Verweilen ein. Wenn es doch etwas kälter wird, sind die Kojen der Cafés und Restaurants aber genauso gemütlich. Einen Weißen Spritzer, ein Bier oder einen Kaffee hat hier jeder noch getrunken. Die beste Aussicht gibt es inmitten des Platzes im *Wirr am Brunnenmarkt*. Da kann auf der Dachterrasse des Marktstandes köstliches, herzhaftes vegetarisches Frühstück genossen werden. Ebenso gut lässt sich das Treiben von oben beobachten. Besonders spannend wird es am Samstag, wenn der Bauernmarkt auf dem Platz einzieht und bis Mittag verschiedenste Ware zum Verkauf angeboten wird. Schon während des Vormittags herrscht ein Gewusel, denn Gemüse und die Schmankerl sind schwer begehrt. Kurz vor Marktschluss wird es durch die Rufe der Marktstandler noch einmal richtig laut. Ganz nach dem Motto: Wer die günstigste Ware hat, ruft am lautesten.

Im Pavillon des Wiener Traditionsunternehmens STAUD'S können auch unter der Woche Feinkostware und die bekannten STAUD'S-Kreationen, wie Bio-Marmelade und Bio-Honig, im Glas gekauft werden. Abgesehen von Kulinarischem genießt man am Yppenmarkt aber auch Kunst. Hier befindet sich die einzige legale Grafitti-Wand im 16. Bezirk, auf der immer wieder neue Kunstwerke entstehen.

Flanieren außerhalb des Yppenplatzes lohnt sich ebenso. Im Grätzl haben sich hippe Cafés und Künstler angesiedelt.

Den Platz erreichen Sie bequem mit der Linie 44, verlassen Sie die Straßenbahn bei der Station Yppengasse.

81

Jubiläumswarte
Johann-Staud-Straße 80
A-1160 Wien

HOCH HINAUS
Jubiläumswarte

Oben am Gallitzinberg im 16. Wiener Gemeindebezirk ragt sie empor, die Jubiläumswarte. Wurden einmal die 183 Stufen beschritten, weht nicht nur ein anderes Lüftchen, sondern man wird auch mit einer der besten Aussichten über das Wiener Becken in alle Himmelsrichtungen belohnt. Ja, sogar bis nach Niederösterreich schweift bei schönem Wetter der Blick, sodass in der Ferne der Schneeberg oder die Hainburger Berge erkannt werden können.

Erbaut wurde die Warte erstmals zum 50. Regierungsjubiläum von Kaiser Franz Joseph I. Allerdings hat diese nur bis zur nächsten raueren Witterung gehalten, was wahrscheinlich unter anderem daran lag, dass es sich lediglich um ein Holzgerüst handelte. Ein Eisenturm, ähnlich wie der, den wir heute erklimmen können, wurde im selben Jahr im Wiener Prater zu Ehren des Kaisers errichtet. Ein Jahr später, 1899, wurde der weitaus stabilere Turm aus dem Prater schließlich auf die Vogeltennwiese am Gallitzinberg gestellt und diente bis 1952 als Ersatz für die hölzerne Warte. Weil aber auch dieser eiserne Aussichtsturm mit der Zeit nicht mehr stabil genug war, wurde von der Stadt Wien für die Bevölkerung ein moderner Ersatz errichtet. Heute ist der rund 31 Meter hohe Turm ein beliebtes Ausflugsziel für Familien oder Wanderer. Der Aufstieg kann nämlich hervorragend mit einer kleinen Wanderung durch den Wienerwald verknüpft werden. Dieser lädt mit einigen Liegewiesen, Spiel- und Grillplätzen zum Verweilen ein.

Direkt neben der Jubiläumswarte befindet sich die Wiener Waldschule. Zwar ist diese nicht öffentlich zugängig, aber trotzdem eine Erwähnung wert, weil sie einen wichtigen Teil zur Umweltvermittlung beiträgt. Wiener Schulkinder erhalten interaktiven Unterricht zum Thema Umweltbewusstsein und Naturvielfalt im Wald.

In den Wintermonaten ist das Erklimmen der Jubiläumswarte nicht gestattet.

Mit den ÖPNV ist die Warte dreimal täglich mit dem Bus 52B erreichbar. Haltestelle: Jubiläumswarte.

82

Gasthaus am Predigtstuhl
Oberwiedenstraße 34
A-1170 Wien
+43 (0)1 4841156
www.gasthaus-am-
predigtstuhl.at

EIN AMEN FÜR DIE KÜCHE
Gasthaus am Predigtstuhl

Der Ausflug am Gallitzinberg wird am besten mit einem Besuch im Gasthaus am Predigtstuhl verbunden. Das urige alte Schutzhaus mit gemütlichem Gastgarten bietet traditionelle Wiener Küche. Aber irgendwie auch nicht ganz so traditionell: Denn die Inhaber haben sich auf vegane und glutenfreie Küche spezialisiert. Neben deftiger österreichischer Hausmannskost gibt es zum Beispiel Schnitzel auf pflanzlicher Basis und mit glutenfreier Panier. Außerdem werden Klassiker wie Knödel mit Schwammerlsauce gerne vegan serviert. Hoch anzurechnen ist die Kreativität des Teams, schließlich sind die veganen Gerichte vielfältig und variieren ständig. Das Credo ist gesunde Küche und somit kommen nur frisch zubereitete Speisen auf den Tisch, ohne Einsatz von Fertigprodukten oder Geschmacksverstärkern. Das Fleisch kommt garantiert aus Österreich und die Bio-Eier aus dem benachbarten Niederösterreich. Kompromisse werden genauso wenig auf der Getränkekarte eingegangen, neben Bio-Limonaden finden sich dort unter anderem vegane und histaminfreie Bio-Weine. Für die Nachspeise sollte aber unbedingt noch Platz gelassen werden. Die hausgemachte Sachertorte und die Marillenknödel werden durch mindestens eine vegane Kreation ergänzt.

Der Gallitzinberg hat viele Namen. Unter den Wienern ist er wohl eher als Wilhelminenberg bekannt, was auf das gleichnamige imposante Schloss zurückzuführen ist, das heute als Hotel Gäste beherbergt. Dieses wurde zu Ehren Wilhelmines, der Ehefrau des russischen Fürsten Gallitzin, errichtet. Am Ende des 18. Jahrhunderts hat der Fürst den Berg erworben und nach ihm selbst umbenannt. Davor hieß das Gebiet Predigtstuhl, heute erinnert daran nur noch eine Straße und ein Gasthaus, das unmittelbar neben der Straße liegt.

Immer wieder finden im Gasthaus musikalische Events statt. Wie zum Beispiel ein Wienerliederabend.

Die Anfahrt erfolgt mit dem Bus 46A oder 46B bis Haltestelle Oberwiedenstraße.

83

Schwarzenbergpark
Neuwaldegger Straße
A-1170 Wien
www.wien.gv.at

Zur Allee
Schwarzenbergallee 40
A-1170 Wien
+43 (0)664 1897823
www.zurallee.com

HAUSFRAUENKOST IM WIENERWALD
Schwarzenbergpark und Restaurant *Zur Allee*

Da ist wieder einer – einer der vielen grünen Parks am Wiener Stadtrand. Aber wie jeder dieser Parks ist auch dieser auf seine Art besonders. Das Areal rund um den Schwarzenbergpark wurde von Graf Franz Moritz Lacy im 18. Jahrhundert gekauft und zu einem englischen Garten ausgebaut. Die vielen Brücken, künstlichen Wasserfälle, Blumenbeete und seltenen Wasservögel waren Grund genug, um 50 Jahre später als »schönster und größter Naturgarten Österreichs« bezeichnet zu werden.

Der Park ist mittlerweile im Besitz der Stadt Wien. An einen englischen Garten erinnern heute nur noch wenige Relikte aus der Zeit. Zum Beispiel die beiden Obelisken am Beginn der Schwarzenbergallee. Hier hat sich der erste Graffiti-Künstler der österreichischen Monarchie verewigt. Der Schriftsteller und Alpinist Joseph Kyselak hatte es sich zur Gewohnheit gemacht, auf seinen Fußreisen Mitte des 19. Jahrhunderts den Schriftzug seines Nachnamens an verschieden Orten zu hinterlassen.

Als Ausflugsziel eignet sich der Park vor allem zum Spazierengehen oder für kleine Wanderungen. Bei Familien besonders beliebt sind auch die Liegewiesen, Grill- und Waldspielplätze. Um hungrige Mäuler zu stopfen, lohnt sich die Einkehr im Waldgasthaus *Zur Allee*. Hier wird sogenannte Wiener Hausfrauenkost serviert. Zu jedem Gericht mit Fleisch gibt es ein Äquivalent auf pflanzlicher Basis. Die herkömmlichen Linsen mit Knödeln und Speck können also einfach mit Seitan-Speck bestellt werden. Neben einem regulären Wiener Schnitzel ist auch das vegane Schnitzel mit Pommes äußerst beliebt. In der Küche wird dabei Wert auf Regionalität gelegt und die Gerichte der Saison angepasst. Obwohl es sich dabei um deftige Küche handelt, sind viele der Gerichte zuckerfrei, histaminarm, weizenfrei oder komplett glutenfrei.

Der gut beschilderte Stadtwanderweg 3 führt über zehn Kilometer durch den Park und darüber hinaus.

Mit der Straßenbahnlinie 43 bis zur Endhaltestelle Neuwaldegg.

84

Bio-Pizzeria Vero
Pötzleinsdorferstraße 67
A-1180 Wien
+43 (0)1 8902166
www.vero.co.at

**Pötzleinsdorfer
Schlosspark**
Geymüllergasse
A-1180 Wien

WIE IN ITALIEN
Bio-Pizzeria Vero

Am Ende der Straßenbahnlinie 41 und direkt neben dem Eingang zum Pötzleinsdorfer Schlossgarten heißt uns bereits das Schild mit der Aufschrift »Vero« ganz groß auf der Hausfassade willkommen. Die Bio-Pizzeria ist ein beliebter Treffpunkt für Familien, bei denen sich die Kinder gerade ausgiebig am Spielplatz im Schlossgarten ausgetobt oder die stundenlang Ziegen beobachtet haben. Endlich mal hinsetzten, entspannen und das essen, was jeder gern mag: Pizza und Pasta.

Aber nicht nur Familien, sondern auch Veganer pilgern in die Pizzeria, denn hier gibt es hausgemachten veganen Käse. Ich bin jedes Mal ganz erstaunt, wie toll diese Alternative auf der Pizza aussieht, riecht und schmeckt. Wüsste ich nicht, dass es sich hierbei um einen auf Pflanzen basierten Käse handelt, würde ich meinen, ich äße hier echten Mozzarella.

Vorne ein gemütlicher Gastgarten, hinten eine genauso gemütliche Gaststube. Am Tisch stehen Basilikumtöpfe, mit denen man gerne noch seine Gerichte selbst verfeinern kann. Bei der Bio-Pizzeria Vero wird nicht nur Wert auf Bio-Qualität gelegt, sondern auch auf Transparenz und regionale Lieferanten. Woher Gemüse, Mehl und Käse kommen, können wir direkt auf der Speisekarte nachvollziehen. Wer schon zu Mittag im Restaurant verweilt, darf zwischen einem günstigen Mittagstisch bestehend aus Pizza, Risotto, Salat oder Pasta wählen. Dabei gibt es außerdem köstliche glutenfreie Gerichte. Am besten aber nicht zu viel bestellen, denn immerhin muss noch etwas Platz für die Nachspeise übrig bleiben. Zum Beispiel für die Pizza Nocciolata, die statt mit Käse und Tomatensauce einfach mit einer Schoko-Nougat-Creme bedeckt ist.

Wer nicht genug von der Bio-Pizzeria Vero bekommen kann, der hat Glück, schließlich werden in einer weiteren Filiale im neunten Bezirk dieselben italienischen Köstlichkeiten serviert.

Vorher oder nachher durch den Pötzleinsdorfer Schlosspark spazieren.

Erreichbar mit der Straßenbahnlinie 41. Ausstieg bei der Endstation Pötzleinsdorf.

85

Neben dem Feuerdorn
finden sich botanische
Seltenheiten im Türken-
schanzpark

Türkenschanzpark
Hasenauerstraße
A-1180 Wien
+43 (0)1 40008042
www.wien.gv.at

Meierei Diglas
Hasenauerstraße 56
A-1180 Wien
+43 (0)1 4794376
www.meierei-diglas.at

RELAXEN IM COTTAGE-VIERTEL
Türkenschanzpark

Mitten im Wiener Cottage-Viertel befindet sich der Türkenschanz-
park. Der Name und auch der Ort gehen auf eine Festigungsanlage
(Schanze) der Osmanen zurück, die während der Zweiten Wiener
Türkenbelagerung hier eine strategische Position hatte. Die Grün-
fläche wurde schließlich am Ende des 19. Jahrhunderts im Zuge der
Wiener Stadterweiterung angelegt.

Heute ist der Park ein Naherholungsgebiet auf rund 150.000 Quadratmetern. Das Grünareal im englischen Stil bietet neben Liegewiesen, Bänken und einem Café auch ein großes Freizeitsportangebot. Es
gibt Basketball-, Volleyball- und Fußballplätze, eine Slackline- und
Skateanlage, Tischtennis- und Schachtische. Langeweile kommt in
diesem Park also garantiert keine auf.

Wer sich mehr für Natur als für Sport interessiert, der kann durch
die gut beschilderte Botanik streifen. Wegen der Nähe zur Universität
für Bodenkultur wurden hier einige exotische Pflanzen aus der ganzen
Welt gesetzt, was dem Botanischen Garten durchaus Konkurrenz machen könnte.

Eine herrliche Aussicht über den Park und Teile Wiens gibt es von
der Paulinenwarte aus. Ursprünglich diente sie als Wasserspeicher und
wurde passend in dem Stil der umliegenden Gebäude des Cottage-Vier-
tels erbaut. Heute kann der Turm an ausgewählten Wochenenden für
nicht einmal einen Euro erklommen werden.

Für ein hiesiges Bier, eine Mehlspeise oder einen Kaffee sollte in der
gemütlichen *Meierei Diglas* eingekehrt werden. Der kleine Familienbetrieb hat laut Legende bereits den Kaiser nach der Eröffnung des Areals
bewirtet und versorgt heute zahlreiche Gäste mit traditioneller österreichischer Küche, aber auch mit modernen Köstlichkeiten. Ein Besuch im
Café ist nach einem ausgiebigen Spaziergang im Park schon fast Pflicht.

Bei einem anschließenden Spaziergang durch das Cottage Viertel
können Villen und Gärten bestaunt werden.

Günstig zu erreichen ist der Park mit der Straßenbahnlinie 41 oder
dem Bus 10A, Ausstieg Türkenschanzplatz.

86

**Zero Waste Austria –
Verein zur Schonung
von Ressourcen**
Woho Spaces
Boschstraße 54
A-1190 Wien
+43 (0)670 5505292
www.zerowasteaustria.at

EXPERTISE ZUR ABFALLVERMEIDUNG
Zero Waste Austria – Verein zur Schonung von Ressourcen

Lust auf einen außergewöhnlichen Stadtrundgang, zu lernen wie man Naturkosmetik und Bio-Haushaltsreiniger selbst herstellt oder sich bei einem Vortrag über Klimaschutz weiterzubilden? Dann sind Sie bei dem Verein *Zero Waste Austria* bestens aufgehoben.

Die NGO hat sich komplett der Ressourcen-Schonung gewidmet, egal ob Plastikvermeidung, Lebensmittelrettung oder richtiges Recyceln. Verschiedene Veranstaltungen und Workshops laden Interessierte ein, Teil einer Klimaschutzbewegung zu werden, indem man selbst tätig wird und seinen Lebensstil umweltfreundlich gestaltet. Kostenlose Bewusstseinsbildung findet man auf der Website und den sozialen Medien des Vereins. Interaktiver wird es aber offline. Regelmäßig führen *Zero Waste Austria*-Guides durch verschiedene Bezirke Wiens und laden bei der Gräzltour ein, die Stadt von einer anderen Seite kennen zu lernen. Dabei werden schwerpunktmäßig Themen wie faire Mode oder unverpackter Genuss behandelt. Highlights sind unter anderem Besuche bei *Hut und Stiel*, die aus Kaffeesud Pilze züchten, oder beim Upcycling-Label *kaRja*, bei dem die Teilnehmer gerne mal selbst an die Nähmaschine dürfen. Mindestens genauso spannend sind die Workshops rund um einen verpackungsfreien Lebensstil, die in den Coworking-Spaces *Woho Spaces* stattfinden. Zero-Waste-Expertinnen geben ihr Wissen und ihre Rezepte zu DIYs wie Gesichtspeeling, Allzweckreiniger, Creme-Deo und Co weiter. Workshops und Führungen können jederzeit auch privat gebucht werden. Bei den sogenannten *Hub Clubs* teilen verschiedene Vortragende ihre individuellen Lösungsvorschläge, um gegen die Klimakrise anzukämpfen. Dabei bleibt genügend Zeit für Austausch mit anderen begeisterten Klimaschützern.

Zukünftig soll es zudem kleine Märkte, Feste und Netzwerktreffen geben. Die Einnahmen aus den verschiedenen Veranstaltungen fließen zu 100 Prozent in den Verein.

Mit der *Zero Waste Austria*-Card gibt es nicht nur Rabatte in Unverpacktläden und bei den Workshops, sondern man unterstützt auf diese Weise einen richtig tollen Verein.

Die *Woho Spaces* sind einen zehnminütigen Fußweg von der U-Bahnstation Heiligenstadt entfernt. Erreichbar mit der U4 oder der S-Bahn.

87

Stadtwanderweg 2
Startpunkt: Bus 39A End-
station Sievering
Agnesgasse
A-1190 Wien
www.wien.gv.at

WEIN, WALD UND WANDERN
Stadtwanderweg 2

In Sievering, am Ausgangspunkt unserer Wanderung, kommen erste Zweifel auf, ob wir uns überhaupt noch in Wien befinden. Aber keine Sorge, trotz ländlichem Charme und Traktoren, die Anhänger mit frischer Weintraubenernte ziehen, wurde die Stadtgrenze noch nicht übertreten. Wir befinden uns in einem der charmanten Heuriger-Viertel Wiens und gleichzeitig auch am Einstieg in den Biosphärenpark Wienerwald.

In einer Stadt wie Wien wandern zu gehen, hört sich erst einmal etwas seltsam an. In ganz Wien verweisen zwölf verschiedene Stadtwanderwege auf ausgiebige Spaziergänge durch die schönsten Ecken der Stadt. Einer davon ist unser Stadtwanderweg 2, eine Rundwanderung von Sievering über den Hermannskogel. Einer meiner liebsten Spaziergänge in der Millionenmetropole. Wir beginnen die Strecke entlang der Weinberge, tauchen jedoch schnell in den Wienerwald ein und folgen bergauf, bergab den Wegmarkierungen. Immer wieder laden Bänke zum Jausen ein, aber lieber spart man sich den Hunger für eines der Wirthäuser am Weg auf. Zum Beispiel fürs *Häuserl am Stoan*, mit herrlicher Aussicht über Wien, oder fürs *Gasthaus zum Agnesbrünnl* an der Jägerwiese, wo es neben herzhafter Wiener Küche auch ein veganes Ritschert auf der Speisekarte gibt. Wer lieber wandert statt isst, kehrt erst am Ende der Wanderung bei einem der Heurigen in Sievering ein. Immer wieder kommen wir an großflächigen Spielwiesen vorbei, wo sich Familien tummeln. Genauso Spaß macht das Beobachten von Pferden, Eseln und Schafen auf ihren Weiden.

Den Abstieg starten wir bei herrlicher Sicht über Wien am Cobenzl, dem alten Gutsbetrieb. Über saftige Wiesen kommen wir am sogenannten *Himmel* vorbei und schließlich steil bergab zurück nach Sievering.

An Samstagnachmittagen in den Sommermonaten kann die Habsburgerwarte erklommen werden. Die Aussicht reicht bis zum Schneeberg.

Nehmen Sie den Bus 39A bis zur Endstation Sievering.

Landgut Wien Cobenzl
Am Cobenzl 96a
A-1190 Wien
+43 (0)1 328940420
www.landgutcobenzl.at

BAUERNHOFTIERE HAUTNAH
Landgut Wien Cobenzl

Schafe streicheln, Hasen füttern, in einen Bienenstock schauen oder Kühe beim Grasen beobachten. Ja, wir befinden uns noch immer in Wien, allerdings am Reisenberg. Der von den Wienern lieber Cobenzl genannte Berg ist als Ausflugsziel bei Jung und Alt äußerst beliebt. Beim Wandern und Einkehren kann die herrliche Aussicht über Wien genossen werden und beim Aufenthalt am Bio-Bauernhof werden Kinderaugen größer.

Das Landgut Wien Cobenzl hat es sich zur Aufgabe gemacht, Kindern und Jugendlichen zu zeigen, wie gerechte Tierhaltung aussieht, was hinter einer Bio-Landwirtschaft steckt und wie eigentlich Brotbacken funktioniert. Das und noch einiges mehr kann bei einem Besuch bei den gut 100 Tieren auf einer Fläche von vier Hektar gelernt werden. Der Hof ist in sieben Ställe aufgebaut, in denen Hasen, Truthähne, Hühner, Gänse, Schweine, Kühe, Schafe und Ziegen leben. Außerdem dürfen sie gefüttert und auch gestreichelt werden, wenn sie es zulassen. Schriftliche Informationen zu den jeweiligen Hofbewohnern stehen vor jedem Stall bereit. Wer noch mehr erfahren möchte, macht am besten bei einer Führung oder einem Workshop mit. Da lernt man nicht nur die Tiere besser kennen, sondern bekommt Hintergrundinformationen zu Lebensmittelproduktion, Umwelt, Ernährung und Bio-Landwirtschaft.

Zum Landgut gehört außerdem ein gemütliches Café. Auf der Terrasse bei einem hausgemachten Kuchen genießt man eine hervorragende Sicht über das Areal und hat alle Ställe und einige Tiere noch einmal gut im Auge. In den Sommermonaten gibt es die Möglichkeit für Kinderbetreuung, jeder Tag steht dabei unter einem anderen Motto rund um das Thema Landwirtschaft. Auch Kindergeburtstagsfeiern am Cobenzl, bei denen zwischen verschiedenen Programmen gewählt werden kann, sind sehr beliebt.

Ein Besuch am Landgut lässt sich gut mit dem Stadtwanderweg 2 kombinieren.

Mit dem Bus 38A oder 43A bis zur Station Cobenzl Parkplatz.

89

**Weinbau Buschenschank
Obermann**
Cobenzlgasse 102
A-1190 Wien
+43 (0)664 4519927
www.weinbauobermann.at

AUF EIN GLAS BEIM BIO–HEURIGEN
Weinbau Buschenschank Obermann

Grinzing zählt zu einer der beliebtesten Heurigen-Viertel der Stadt. Nicht umsonst führen Weinwanderwege durch das charmante Grätzl, wo beinahe an jeder Ecke ein Lokal zum Einkehren einlädt. Der *Weinbau Buschenschank Obermann* liegt etwas abseits dieser Routen, trotzdem sollte ein Besuch bei den selbsternannten Obermännern unbedingt eingeplant werden.

Seit 150 Jahren gibt es den Betrieb der Familie Obermann schon. Martin Obermann hat die Landwirtschaft 2010 in fünfter Generation von seiner Familie übernommen und den Fokus auf Weinbau gelegt. Während sich früher auf dem Hof alles um Schweine und anderes Vieh drehte, liegt heute das Hauptaugenmerk auf der Traube. Gemeinsam mit seiner Ehefrau Christiane und den drei Kindern werden per Hand im Weingarten Trauben gelesen. Um sich selbst und die helfenden Hände bei der Ernte und Produktion des Weins zu schützen, wurde die Entscheidung gefällt, sich von jeglichen Pestiziden im Anbau zu verabschieden. Daher ist das vier Hektar große Weinbaugebiet heute biozertifiziert.

Der traditionelle Buschenschank verfolgt ebenfalls einen ökologischen Gedanken. Selbstgemachtes Brot, Kuchen und Aufstriche werden mit den Eiern der eigenen Hühner und mit Fleisch von einem kleinen landwirtschaftlichen Betrieb aus Niederösterreich serviert. Qualität und Regionalität stehen dabei an oberster Stelle. Auch Vegetarier und Veganer werden beim Heuriger-Buffet fündig.

Der Buschenschank hat das ganze Jahr über von Donnerstag bis Sonntag geöffnet. Zum Verweilen lädt der gemütliche, mit Oleander bewachsene Gastgarten oder die urige Stube mit Kachelofen ein. Um eine Reservierung wird dennoch gebeten, da auch gerne geschlossene Veranstaltungen bei den Obermännern stattfinden.

Im Weingarten in der Reinischgasse wird in den Sommermonaten bei Schönwetter an den Wochenenden ein Picknick veranstaltet.

Erreichbar mit dem Bus 38A über Heiligenstadt, Ausstieg Feuerwache Grinzing.

90

Leopoldsberg
Startpunkt: Einstieg
Nasenweg
Bloschgasse 13–15
A-1190 Wien

AUGEN AUF AM NASENWEG
Leopoldsberg

Am Ende unserer Reise steht ein Berg. Wo sich der Donaukanal von der Donau trennt, ragt er empor, der Leopoldsberg. Nicht umsonst wird er gemeinsam mit dem vergleichsweise niedrigen Bisamberg als Wiener Pforte, als Eintritt ins Wiener Becken, bezeichnet. Von Wien aus beginnen dahinter die Weiten der Niederösterreichischen Wachau. Wer eine tolle Aussicht über Wien erhaschen möchte, der hat schon einige Möglichkeiten in diesem Buch kennenlernen dürfen. Der Leopoldsberg übertrifft sie aber alle, denn seine Lage zwischen den beiden Bundesländern, über dem malerischen Kahlenbergerdorf, den Weinreben und dem Wienerwald ist einzigartig. Erleben kann man den Leopoldsberg am besten zu Fuß.

Der Nasenweg, dessen Ursprünge bis ins Jahr 1800 reichen, bringt Wanderer auf direktem Weg 250 Höhenmeter hinauf auf die Bergspitze. Mit einigen Stufen führt der Weg, der Teil des Stadtwanderwegs 1a ist, in Serpentinen nach oben. Zuerst entlang an den Weinreben im Kahlenbergerdorf und schließlich durch den Wienerwald steil bis zur Burganlage des Leopoldsbergs, die auf die Babenberger im 12. Jahrhundert zurückgeht. Da der Weg am Steilhang verläuft, eröffnet sich hier eine einzigartige Vielfalt an Flora und Fauna. Eidechsen und Schlangen sind häufig zu entdecken, aber auch seltene Bäume und Blumen bilden besonders im Frühjahr eine einzigartige Kulisse.

Wer noch nicht genug hat, der kann den insgesamt elf Kilometer langen Stadtwanderweg 1a über den benachbarten Kahlenberg fortsetzen und dabei durch Weinrebenhänge wieder den Abstieg ins Kahlenbergerdorf vollziehen. Oder man geht den 1,5 Kilometer langen Nasenweg wieder zurück und stärkt sich unten im Dorf in einem der vielen Heuriger mit einem Traubensaft oder Weißen Spritzer.

Bis zum Leopoldsberg führt ein gemütlicher Radweg am Donaukanal entlang.

Für den Nasenweg fährt man mit der Straßenbahnlinie D oder der S-Bahn bis Nußdorf und geht 25 Minuten zu Fuß an der Donau entlang.

KRIMIS AUS DER REGION

Bauer,
Rachemokka
978-3-8392-0071-1

Baumann,
Salzburgsünde
978-3-8392-0075-9

Eigner,
Salzburger Rippenstich
978-3-8392-0074-2

Hager,
Schöner sterben in Wien
978-3-8392-0077-3

Klementovic,
Wenn die Stille schreit
978-3-8392-0092-6

Reichl,
Mühlviertler Kreuz
978-3-8392-0063-6

SPANNUNG

GMEINER

WWW.GMEINER-VERLAG.D
Wir machen's spannen.